全国老年大学统编教材

老年人八段锦教程

牛爱军　编著

人民邮电出版社

北京

U0125974

图书在版编目（ＣＩＰ）数据

老年人八段锦教程 / 牛爱军编著. -- 北京 ：人民
邮电出版社，2023.10
ISBN 978-7-115-62218-1

Ⅰ. ①老… Ⅱ. ①牛… Ⅲ. ①八段锦－教材 Ⅳ.
①G852.9

中国国家版本馆CIP数据核字(2023)第161257号

免 责 声 明

本书内容旨在为大众提供有用的信息。所有材料（包括文本、图形和图像）仅供参考，不能替代医疗诊断、建议、治疗或来自专业人士的意见。所有读者在需要医疗或其他专业协助时，均应向专业的医疗保健机构或医生进行咨询。作者和出版商都已尽可能确保本书技术上的准确性以及合理性，并特别声明，不会承担由于使用本出版物中的材料而遭受的任何损伤所直接或间接产生的与个人或团体相关的一切责任、损失或风险。

内 容 提 要

八段锦是中华传统文化的瑰宝，练习八段锦能够为身体带来诸多益处。老年朋友坚持练习八段锦能够使筋骨强健、气血通畅、心情舒畅。本书是上海体育大学教育学博士牛爱军老师为使老年朋友更好地了解并掌握八段锦精心编写的教材。全书共分为 9 章：第一章和第二章介绍了八段锦的基本理论与基本功练习；第三章至第五章介绍了坐式八段锦；第六章至第八章介绍了站式八段锦；第九章提供了八段锦学练指导，告诉老年朋友如何学习八段锦效果最好。为了便于老年朋友更好地理解所学内容，本书在八段锦动作讲解之前介绍了与八段锦相关的知识。本书图文结合，方便广大八段锦爱好者自行学习。

本书既能满足各地老年大学教学使用，又适合自学八段锦的老年朋友阅读学习。

◆ 编　　著　牛爱军

　　责任编辑　裴　倩

　　责任印制　彭志环

◆ 人民邮电出版社出版发行　　北京市丰台区成寿寺路 11 号

　　邮编　100164　电子邮件　315@ptpress.com.cn

　　网址　https://www.ptpress.com.cn

北京捷迅佳彩印刷有限公司印刷

◆ 开本：787×1092　1/16

　　印张：7.5　　　　　　　　2023 年 10 月第 1 版

　　字数：105 千字　　　　　2023 年 10 月北京第 1 次印刷

定价：38.00 元

读者服务热线：(010)81055296　印装质量热线：(010)81055316
反盗版热线：(010)81055315
广告经营许可证：京东市监广登字 20170147 号

全国老年大学统编教材
编委会

老年人体育活动指导系列图书
编委会

总序

由中国老年大学协会组织编写的全国老年大学通识课程教材即将面世，这是我国老年教育和老年大学发展史上一件具有开创性意义的举措。

我们国家的老年教育，在党和政府的高度重视以及社会各界的广泛参与下，适应了老龄社会发展和老年群体需求，一直保持着健康快速的发展态势，并逐步取得了令世人瞩目的巨大成就。党的十八大以来，习近平总书记多次发表重要讲话，指出人口老龄化事关国家发展全局和亿万百姓福祉。强调要坚持党委领导、政府主导、社会参与、全民行动相结合，推动老龄事业全面可持续发展。党中央、国务院陆续公布实施的《老年教育发展规划 (2016—2020 年)》《老龄事业"十三五"规划》《加快推进教育现代化实施方案 (2018—2022 年)》等重要文件，对做好老龄工作、发展老龄事业做出了新的重大部署，对老年教育发展制定了明确的规划，有力地推动了我国应对人口老龄化的全面工作。目前我国老年教育的发展和老年大学的工作，已经呈现出党政主导、社会参与、多方支持的大好局面。

中国老年大学协会作为国家民政部所属的社会组织，自 1988 年 12 月成立以来，认真贯彻落实党和政府关于老年教育的方针政策，充分发挥桥梁纽带和凝聚作用，广泛联系各地老年大学、老年学校，大力宣传"增长知识、丰富生活、陶冶情操、促进健康、服务社会"的老年大学办学宗旨，促进各地老年大学、老年学校在办学原则、培养目标、专业设置、课程安排、学校管理等一系列重大办学方向问题上统一思想，形成共识，对我国老年教育事业的巩固与提升，发挥了导向性的作用。特别是积极贯彻党的十八大、十九大精神，落实新时代老年教育规划目标任务，组织老年大学认真学习习近平新时代中国特色社会主义思想，探讨老年教育发展的新机制和新路径，开创老年教育发展的新格局，推动老年大学工作迈上了一个新台阶。协会自身发展也进入了一个新阶段。

建立并逐步完善科学、适用、可行的老年大学特色课程体系，设计、构建与社会发展大环境相匹配的具有老年大学特色的通识教材，是中国老年大学协会一直坚持的目标，也是众多老年大学、老年学校一致的企盼。首批五本通识教材——《树立和培育积极老龄观》《新时代老年大学校长读本》《老龄金融》《老年健康教育与管理》《老年人权益保障法律实务》——从选题立意到内容编排，都体现出创新意识和独特见解，令人耳目一新，为之一振。希望老年同志们从中汲取营养，幸福地度过晚年；希望中国老年大学协会再接再厉，为老年人做出应有的贡献！

顾秀莲

2020 年 8 月

序

近年来，随着老年人口数量的不断增大，我国陆续发布了《"健康中国 2030"规划纲要》《关于促进养老托育服务健康发展的意见》《全民健身计划（2021-2025 年）》《"十四五"国家老龄事业发展和养老服务体系规划》《"十四五"健康老龄化规划》等政策文件，以引导和促进实现积极老龄观和健康老龄化。这些政策文件中指出了可通过指导老年人科学开展各类体育健身项目，将运动干预纳入老年人慢性病防控与康复方案，提供文化体育活动场所，组织开展文化体育活动等措施支持老年人参与体育健身，丰富老年人的精神文化生活，全面提升老年人的身心健康水平与生活品质。

与此同时，作为我国老年人教育事业的重要组成部分，老年体育教育承担着满足老年人的体育学习需求，丰富老年教育的内容和形式，以及不断探索老年教育模式的责任，可长远服务于积极应对人口老龄化、实现教育现代化和建设学习型社会。

在上述背景下，人民邮电出版社有限公司作为建社 70 周年的综合性出版大社，同时作为全国优秀出版社、全国文明单位，围绕"立足信息产业，面向现代社会，传播科学知识，服务科教兴国，为走中国特色新型工业化道路服务"的出版宗旨，基于在信息技术、摄影、艺术、运动与休闲等领域的领先出版资源、经验与地位，策划出版了"老年人体育活动指导系列图书"（以下简称本系列图书）。本系列图书是以指导老年人安全、有效地开展不同形式体育活动为目标的老年体育教育用书，并且由不同体育领域的资深专家、学者和教育工作者担任作者和编委会成员，确保了内容的专业性与科学性。与此同时，本系列图书内容覆盖广泛，其中包括群众基础广泛、适合个人习练或进行团体表演的传统武术与健身气功领域，具有悠久传承历史、能够极大丰富老年生活的棋牌益智领域，包含门球、乒乓球等项目在内的运动专项领域，旨在针对性改善慢性疼痛、慢病预防与控制、意外跌倒等老年人突出健康问题的运动功能改善训练领域，以及涵盖运动安全、运动营养等方面的运动健康科普领域。

　　本系列图书在内容设置和呈现形式上充分考虑了老年人的阅读和学习习惯，一方面严格按照循序渐进的原则进行内容讲解，另一方面通过大图大字的方式分步展示技术动作，同时附赠了扫码即可免费观看的在线演示视频，以帮助老年人降低学习难度、提高训练效果，以及为相关课程的开展提供更丰富的教学素材。此外，为了更好地适应和满足老年人日益丰富的文化需求，本系列图书将不断进行内容和形式上的扩充、调整和修订，并努力为广大老年读者提供更丰富、更多元的学习资源和服务。

　　最后，希望本系列图书能够为促进老年体育教育发展及健康老龄化进程贡献微薄之力。

在线视频访问说明

本书提供了八段锦的在线视频，您可以通过微信"扫一扫"，扫描下方二维码进行观看。

步骤 1

点击微信聊天界面右上角的"+"，弹出功能菜单（图1）。

步骤 2

点击弹出的功能菜单上的扫一扫，进入该功能界面，扫描上方的二维码，扫描后可直接观看视频（图2）。

图 1　　　　　　图 2

目录

第一章

八段锦基本理论与基本功练习（一）

第一节 导引与养生

自古以来，中国人普遍重视对生命的养护，所谓"养生"即"养护生命"之意。养生、贵生、重生，为的是健康长寿。正如《黄帝内经》所言，人生的理想状态是"尽终其天年，度百岁乃去"。年逾百岁，寿终正寝，这正是中国人认同的生命理想状态。

传说彭祖活了约140岁，成为无数先人艳羡的对象。庄子说："吹呴呼吸，吐故纳新，熊经鸟申，为寿而已矣。此道引之士，养形之人，彭祖寿考者之所好也。"一呼一吸，呼出废气，吸入新鲜空气，是吐故纳新；"熊经"是模仿熊走路；"鸟申"是模仿鸟伸腿展翅。这样进行呼吸锻炼以及模仿动物的姿势和动作，是为了强身健体。庄子把这些喜欢强身健体的人称为"导引之士"和"养形之人"，他们锻炼的目的是想像彭祖一样长寿。

庄子生活的年代距今约有2300年，这说明大约在2300年前，中国人已经总结出健身的理论和方法。根据目前的历史文献记载，庄子是"导引"一词的首创者。

《黄帝内经·异法方宜论》讲述了生活在不同地域的人们，因为饮食、气候等不同，容易患上不同类型的疾病，所以需要采用不同的治疗方法来治病，并列举了砭石、毒药、灸焫、九针、导引按蹻这五类治病方法。两千多年以来，关于导引的理论和技术层出不穷。其中，传播广泛的导引术有坐式八段锦、站式八段锦等。

第二节　八段锦的由来

南宋的洪迈写了一本叫作《夷坚志》的著作，书中记载了一个故事：宋徽宗政和七年（公元 1117 年），李似矩做起居郎（记录皇帝言行的官职）。李似矩学习过熊经鸟伸之术，经常勤奋练习，夜半时分，还要练习呼吸吐纳功夫，并配上按蹻推拿。李似矩的这套锻炼方法叫作"八段锦"。李似矩从锻炼中获益良多，享受到很多乐趣，所以不像其他官员那样喜好寻欢作乐，而是以练习八段锦为乐事，乐此不疲。

李似矩练习的八段锦应为静功，是坐式八段锦。在南宋陈元靓编写的《事林广记·修身秘旨》中，八段锦的动作名称已经歌诀化："昂首仰托顺三焦，左肝右肺如射雕，东脾单托兼西胃，五劳回顾七伤调，鳝鱼摆尾通心气，两手搬脚定于腰，大小朝天安五脏，漱津咽纳指双挑。"从动作名称推测，到南宋时八段锦已从坐式进化到站式。从此以后八段锦主要以坐式和站式的形式流传于世，站式八段锦又被称为武八段，坐式八段锦又被称为文八段。

八段锦成形于宋代，并在民间传播推广。宋代以来，一直到现代社会，坐式和站式八段锦发展迅速，衍化成众多流派，各成体系，各具特色，成为中国导引文化的典范。

第三节 认识呼吸

呼吸的分类

呼吸的各种分类、各种称呼可谓令人目不暇接，如完全式呼吸、不完全式呼吸、横膈膜呼吸、单鼻孔呼吸、丹田呼吸、脚后跟呼吸等；各种要求可谓五花八门，如呼吸配合各种意念、连续吸气或者连续呼气、像胎儿一样不用口鼻呼吸、用皮肤毛孔呼吸、吸一口气沉入丹田等。

很多人被这些名称和要求弄得眼花缭乱，不知所以。呼吸真有这么复杂吗？其实万变不离其宗，呼吸的形式就几种，这是不可能改变的，能变的是呼吸时附加运用的意念、相关肌肉的控制程度、呼吸气流的强弱等，所以我们需要先把最本质的东西搞清楚。

从不同的角度来看呼吸，呼吸有不同的分类标准。比如从是否用力的角度看，可以分为"平静呼吸"和"用力呼吸"；从膈肌升降的幅度看，可以分为"胸式呼吸"和"腹式呼吸"；从腹腔容积改变的大小程度看，可以分为"顺腹式呼吸"和"逆腹式呼吸"。

了解呼吸系统

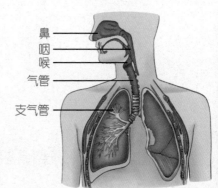

鼻
咽
喉
气管
支气管

要了解呼吸，我们要先看看人体的呼吸系统是如何构成的。

呼吸系统是人体与外界进行气体交换的一系列器官的总称，包括鼻、咽、喉、气管、支气管，由大量的肺泡、血管、淋巴管、神经构成的肺，以及胸膜等组织。

临床上常将鼻、咽、喉称为上呼吸道，气管及其以下的气体通道（包括肺内支气管）

称为下呼吸道。

肺是呼吸系统中最重要的器官，成人肺内含有 3 亿~4 亿个肺泡，是气体交换的场所。

呼吸运动是胸腔依靠呼吸肌的收缩和舒张进行有节律地扩大和缩小。

平静呼吸与用力呼吸

正常人安静状态下的呼吸平稳而均匀，呼吸频率为每分钟 12~18 次，吸气是主动过程，呼气是被动过程，这种呼吸形式被称为平静呼吸。一般情况下，当我们在闲聊、看电视、读报纸时，我们会不自觉地使用平静呼吸。

与平静呼吸时的"呼气过程"相反，用力呼吸的呼气不是被动过程而变成了主动过程，这时吸气和呼气都是主动过程。这时候，呼气时除吸气肌舒张外，还有腹壁肌、肋间肌等辅助呼气肌主动收缩，使胸廓进一步缩小，肺容积也缩小，使呼气量增加，这种呼吸形式就称为用力呼吸或深呼吸。

当我们在锻炼、情绪激动时，平静呼吸不能提供身体需要的氧气，这时就会很自然地采用用力呼吸。

胸式呼吸

平静呼吸一般采用胸式呼吸。胸式呼吸又称肋式呼吸法、横式呼吸法。胸式呼吸之所以被称为"肋式呼吸法"，是因为这种呼吸方法主要靠肋骨的侧向扩张来吸气；之所以被称为"横式呼吸法"，是因为这种呼吸主要是由肋间外肌舒张、收缩引起肋骨和胸骨运动，引起胸廓前后、左右径增大，以胸部活动为主。

胸式呼吸主要通过胸部的扩张和收缩来进行，膈肌的运动幅度较小，呼吸运动主要发生在肺部的上、中部，肺的下部运动较少。

当肺的弹性减弱，呼吸功能退化，容易导致机体无法获得充足的氧气，难以满足各组织器官对氧的需求，机体的新陈代谢自然也就受到影响，机体抵抗力就会下降，易患呼吸系统疾病。因此胸式呼吸不利于肺部健康。老年人尤其需要注意这一点。

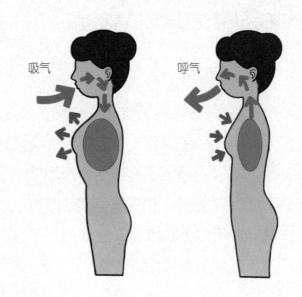

吸气　　　　　呼气

腹式呼吸（顺腹式和逆腹式呼吸）

　　腹式呼吸是让膈肌能够大幅度上下移动的一种呼吸方式，分为顺腹式呼吸和逆腹式呼吸。需要说明的是，胸式呼吸时膈肌也会上下移动，只是幅度比较小。膈肌是人体最重要的呼吸肌，它介于胸腔和腹腔之间，收缩时使胸腔的上下径加大，收缩时吸气，舒张时呼气。

顺腹式呼吸的特征是吸气鼓腹、呼气收腹。吸气时轻轻扩张腹部，在感觉舒服的前提下，吸得越深越好，呼气时再将腹部放松，如下图所示。顺腹式呼吸也称为等容呼吸。

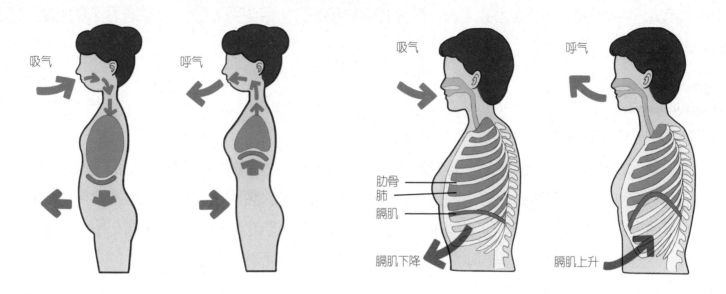

顺腹式呼吸时，由于吸气时膈肌会大幅下降，把脏器挤到下方，因此肚子会膨胀。呼气时膈肌也将会比平常上升到更高的位置。因此，腹式呼吸（顺腹式和逆腹式）是一种深度呼吸，可以吐出较多的二氧化碳。

逆腹式呼吸与顺腹式呼吸刚好相反，即吸气时轻轻收缩腹肌，呼气时再放松，也就是吸气收腹、呼气放松还原。逆腹式呼吸也称为变容呼吸。

就两者的锻炼效果来说，逆腹式呼吸要比顺腹式呼吸要好。因为逆腹式呼吸是变容呼吸，通过有规律地改变腹腔容积可以起到按摩内脏器官的效果，可以有效改善肠胃功能。

相比于顺腹式呼吸，逆腹式呼吸可以吸入更多的氧气。所以我们在跑步、游泳的时候，很自然地就会使用逆腹式呼吸，这是身体的自然反应，因为这种呼吸方式能让我们获得更多的氧气。

两种呼吸方式在八段锦锻炼中均会被用到。顺腹式呼吸在练习初期使用较多，随着练习程度加深，建议逐渐改为使用逆腹式呼吸。

腹式呼吸的益处

腹式呼吸（顺腹式呼吸和逆腹式呼吸）能够有效地增加膈肌的活动范围，通过膈肌的运动直接影响肺的通气量。经常进行腹式呼吸（顺腹式呼吸或逆腹式呼吸）具有以下益处：可以使胸廓尽力扩张，让肺下部的肺泡有效地伸缩，使更多氧气进入肺部参与气体交换，改善心肺功能；伴随着腹式呼吸，腹腔压力会有规律地变化，使腹腔内器官的活动加强，改善消化系统的血液循环，促进消化吸收，促进肠蠕动，防止便秘；改善脾胃功能，促进胆汁分泌，有利于疏肝利胆；在进行腹式呼吸时，有规律地配合提肛、落肛，可以促进盆腔血液循环。

鼻吸鼻呼

自然界中大多数动物的呼吸器官都是鼻子，而不是嘴，人类也一样。所以除了特定的情况，人们在日常生活中或者锻炼时，要始终坚持闭住嘴巴，用鼻子来呼吸，这才最符合大自然的规律。因此，在练习各式八段锦的整个过程中均需要鼻吸鼻呼。

第四节 桩功练习

桩功是指人体保持一定的站立姿势或者做简单连续的动作，在意念作用下强化脏腑功能、通畅气血、强健筋骨的锻炼方式。

无极桩

动作说明

两脚并步站立，双膝自然伸直，收腹敛臀，胸背放松，头正颈直，下颌微收，舌抵上腭，唇齿轻闭；沉肩坠肘，腋下虚掩，两手自然垂于体侧；目视鼻尖（即目视前下方，但不能低头）（图1-1）。

呼吸方法

① 初学站桩时宜采用自然呼吸。

② 随着练功水平的提高，自然过渡到腹式呼吸。

意念活动

① 意想身体各个部位的动作要求，并使身体各个部位放松。

② 意念周身放松，然后意守关元穴（在腹部正中线上脐下三寸）。

▲ 图1-1

技术要点

① 百会穴（头部前发际正中直上五寸）虚领顶劲，身体重量均衡落于两脚底。

② 身体中正，呼吸自然，精神集中，宁静安详。

易犯错误与纠正方法

① 姿势松懈，精神涣散。要注意保持百会穴上领，下颌微收，目光内含，注意力集中。

② 表情紧张，姿势僵硬。要注意眉宇舒展，肩部放松下沉，两膝自然伸直。

功理与作用

端正身型，调和呼吸，安定心神，愉悦身心。

桩功能帮助练功者端正身型，引导练功者逐渐进入练功境界。每次站桩时间以 3 至 5 分钟为宜，多次重复练习。

抱球桩

动作说明

两脚平行，开步站立，双膝自然伸直，两脚约与肩同宽（图 1-2）；两臂内旋再摆至体侧，与身体约呈 45°（图 1-3），继而外旋，两掌向前环抱，与肚脐同高，指尖相对，两掌的指尖相距约 10 厘米；同时身体后坐，屈膝，膝关节不超过脚尖；目视鼻尖或双目垂帘（图 1-4、图 1-5）。

▲ 图 1-2   ▲ 图 1-3   ▲ 图 1-4   ▲ 图 1-5

呼吸方法

① 初学站桩时宜采取自然呼吸。

② 随着练功水平的提高，自然过渡到腹式呼吸。

意念活动

① 意想身体各个部位的动作要求，并使身体各个部位放松。

② 意念周身放松，然后意守关元穴（腹部正中线上，脐下 3 寸）。

技术要点

① 百会穴（前发际线正中直上 5 寸）虚领顶劲，背部向上伸展；肩臂松沉下落，掌指自然伸直；身体重量均衡落于两脚。

② 周身中正，收视返听，精神内守，气沉关元穴。

易犯错误与纠正方法

① 丢顶闭目，耸肩架肘，撅臀跪膝，掌指下垂，脚尖外展。要注意目视鼻尖，下颌内收，沉肩坠肘，尾闾下沉，身体重量落在大腿上，膝盖不超过脚尖，指尖相对，脚尖朝前，两脚平行。

② 精神不专一，呼吸短浅，气息上浮。要集中注意力，胸部放松，气沉关元穴。

功理与作用

调节身体各部位，使身形符合练功要求；升清降浊，养丹田之气，补脑安神。

抱球桩能帮助练功者端正身形、调匀呼吸、调整意念，引导练功者身心松静，逐步进入练功意境。每次站桩时间以 5 至 10 分钟为宜，多次重复练习。

升降桩

动作说明

两脚平行，开步站立，两脚约与肩同宽，两手自然垂于体侧，目光内含、目视鼻尖（图 1-6）；随着吸气，两臂向上抬起至与肩同高（图 1-7），随着呼气，身体后坐屈膝，两手下按至腹前，两臂微屈，掌与腹部相距约 10 厘米，指尖朝前，掌心朝下，继续目视前下方（图1-8）。重复动作。

▲ 图 1-6

▲ 图 1-7

▲ 图 1-8

呼吸方法

① 初练此桩时宜采取自然呼吸。

② 随着练功水平的提高，自然过渡到腹式呼吸。

③ 动作与呼吸配合，升吸降呼。

意念活动

① 站桩初期以意念端正身形。

② 意念两掌扶按水中之球，起身时两掌心和百会穴向上领劲，劲贯全身；后坐时两掌根和尾闾向下领劲，下坐屈膝。

技术要点

① 百会穴虚领顶劲，背部向上伸展；肩臂松沉下落，掌指自然伸直；身体重量均衡落于两脚底。

② 重心起落速度均匀，两掌升按劲力适度。

③ 周身中正，精神内守，气沉关元。

易犯错误与纠正方法

① 丢顶闭目，耸肩架肘，撅臀跪膝，掌指下垂，脚尖外展。要注意目视鼻尖，下颌内收，沉肩坠肘，尾闾下沉，身体重量落在大腿上，膝盖不超过脚尖，指尖相对，脚尖朝前，两脚平行。

② 两臂僵直。要注意沉肩、坠肘、坐腕，以肩带臂、以臂带手，节节放松、节节贯穿。

③ 注意力不集中、呼吸短浅、气息上浮。要集中注意力，胸部放松，意念呼吸之气下沉丹田。

功理与作用

调整身体各部位姿势，稳固根基，强筋壮骨，增强肌肉力量，锻炼三调合一（调身、调息、调心）的能力。

升降桩能帮助练功者端正身形、调匀呼吸、调整意念，引导练功者逐步进入身心合一的练功境界。每次站桩时间以 5 至 10 分钟为宜，多次重复练习。

第二章

八段锦基本理论与
基本功练习（二）

第一节 阴阳学说

　　阴阳学说是古代中国人对整个世界的概括，古人认为宇宙间的任何事物，都包含着相互对立的两个方面，例如天与地、水与火、动与静等。双方既相互依存，又相互对立，既相互促进，又相互制约，通过彼此消长推动着事物的运动变化，古人将这两个方面概括为阴与阳。《周易·系辞传》说："一阴一阳谓之道。"

　　《黄帝内经·素问》中《阴阳应象大论》篇说："阴阳者，天地之道也，万物之纲纪，变化之父母，生杀之本始，神明之府也。"《宝命全形论》篇说："人生有形，不离阴阳。"这些论述表明了阴阳学说在八段锦练习中既是基础理论，又是方法论。

　　阴阳学说包括以下几个方面的内容：阴阳相互对立、相互依存、相互消长、相互转化。八段锦练习处处能体现出阴阳学说的思想。例如姿式要求为百会穴上领与沉肩坠肘、松腰敛臀相结合，含胸与拔背相结合等；动作技术要点为上领下沉、前推后撑，左与右、上与下、前与后的劲力对拔等；运动特点为动静结合、练养结合、内外合一、左右对称、周尔复始、一气呵成等。可谓八段锦中无处不阴阳。

　　阴阳学说虽然建立在平衡论的基础上，但阴阳两方面的位置不是绝对同等的，阴阳双方中"阳"的一方决定事物性质的主要方面，在中医学中称其为"阳气"。《生气通天论》篇说："阳气者，若天与日，失其所，则折寿而不彰，故天运当以日光明。"所以八段锦的内容、形式以"动"为基础，使意、气、力相合，要求动中求静、静中寓动，培补元气、真气，滋阴壮阳，以达到内外兼修的目的。

第二节　桩功练习

扶按桩

练习者根据自身状况选择扶按桩的重心高低。

动作说明

开步站立，两脚约与肩同宽（图2-1）；下坐屈膝，膝盖不要超过脚尖，同时两臂微屈，两掌扶按于胯旁，掌与胯间距约5厘米，指尖朝前，掌心朝下，目视前方（图2-2）。

▲ 图 2-1

▲ 图 2-2

呼吸方法

① 初学者宜采用自然呼吸。

② 随着练功水平的提高，自然过渡到腹式呼吸。

意念活动

① 站桩初期把注意力集中在身体各个部位，以意念端正身形。

② 意念两掌扶按水中之球。

③ 随着练功的深入，可选择意守关元穴、劳宫穴（横平第 3 掌指关节近端，第 2、3 掌骨之间偏于第 3 掌骨）、涌泉穴（屈足卷趾时足心最凹陷处）等。

技术要点

① 百会穴虚领，背部后倚；两臂垂落，两掌微张；两脚踏平，身体重量均衡落于两脚底。

② 重心稍降，两掌扶按劲力适度。

③ 周身中正，精神内守，气息深长。

易犯错误与纠正方法

① 丢顶闭目，耸肩架肘，撅臀跪膝，掌指下垂，脚尖外展。要注意目视前下方，下颌内收，沉肩坠肘，尾闾内扣，指尖相对，脚尖朝前。

② 两臂僵直，两掌置于体侧或小腹前。要注意沉肩坠肘，坐腕，两掌扶按于胯旁。

③ 精神不专一、呼吸短浅、气息上浮。要集中注意力，胸部放松，气息均匀深长。

功理与作用

调节身体各部位，符合身形要求；稳固根基，强筋壮骨、增强肌肉力量，强体增力。

独立桩

动作说明

　　右腿直立站稳，上体正直；左腿在体前屈膝上提，小腿自然下垂，脚尖向下；两臂在体前分开成半弧形，屈肘下按，两掌高与腰平，掌心向下，指尖向前；松肩沉肘，含胸松腹；平视前方（图2-3）。

　　此桩分左右两式，须换向操作，左式同右式，唯左右不同。

呼吸方法

　　① 初学者宜采用自然呼吸。

　　② 随着练功水平的提高，自然过渡到腹式呼吸。

意念活动

　　① 站桩初期把注意力集中在身体各个部位，以意念端正身型。

　　② 随着练功的深入，可选择意守关元穴、劳宫穴、涌泉穴等。

▲ 图2-3

技术要点

　　① 头项正直，百会穴上领，虚灵顶劲，支撑腿伸直，脚心涵空，五趾抓地，有助于动作稳定。

　　② 两臂分开，有外撑之劲，坐腕舒指，掌心微含，如按水中浮球。

易犯错误与纠正方法

　　① 耸肩架肘，撅臀跪膝。要注意目视前下方，下颌内收，沉肩坠肘，收腹松腰。

　　② 精神不专一、呼吸短浅、气息上浮。要集中注意力，胸部放松，气息均匀深长。

19

功理与作用

① 下肢分布着多条经脉，包括足太阴脾经、足厥阴肝经和足少阴肾经，独立桩可以加强下肢的经脉气血流动，对于肝、脾、肾均有着双向的调节作用。

② 独立桩可以增强腰背部和腿部力量，提高人体的平衡能力，经常练习独立桩有助于增强动作的灵活性和步法的稳定性。

引气归元桩

动作说明

开步站立，两脚约与肩同宽（图2-4）；两掌经体侧上举，掌心向上（图2-5）；举至头顶上方，掌心略微向下，斜对百会穴，目视前方（图2-6）。

两掌指尖相对，沿体前缓慢下按，至腹前分开，两臂垂于体侧，目视前方（图2-7、图2-8）。

重复图2-4~图2-8动作2遍。

两掌向后划平弧，高于肚脐，掌心向后（图2-9），随后两臂外旋，转掌心向前，目视前方（图2-10）。

▲ 图2-4　　　　　▲ 图2-5　　　　　▲ 图2-6

两掌继续向前划平弧，在腹前合拢，虎口交叉（男性左手在下，女性右手在下），叠于脐前；调息静养，意守丹田（图2-11）。

▲ 图2-7　　　　▲ 图2-8　　　　　　▲ 图2-9　　　　　　　　▲ 图2-10　　　　　▲ 图2-11

呼吸方法

两臂经体侧上举时吸气，沿体前下落时呼气；两臂在体后划平弧时吸气，两臂腹前合拢时呼气。

意念活动

两掌上举，意在劳宫；两掌下按，意达涌泉，最后一遍，意归丹田；两掌向后，意在劳宫；两掌合抱，意在丹田。

技术要点

① 两掌由上向下按时，身体各部位要随之放松，意念直达脚底涌泉穴。

② 两掌向后划平弧至体侧时，转掌心向前，衔接要自然，有向前收拢物体之势，意将气息合抱归入丹田。

易犯错误与纠正方法

① 两臂上举时，肩胛上抬，胸廓上提。要注意身体重心相对固定，两臂上举时，肘部稍屈，注意肩部下沉放松。

② 两掌运行路线不清。要注意两掌在体侧上举和在腹前划平弧时，意念放在掌心劳宫穴，有采气和拢气之意。两臂向上时，掌心向上；向下时，掌心向下；向后时，掌心向后；向前时，掌心向前；合拢时，掌心对肚脐。

功理与作用

① 引气归元就是使气息逐渐平和，意将练功时所得体内、体外之气，导引归入丹田，起到和气血、通经脉、理脏腑的功效。

② 通过采气导引，静养丹田，水火既济，使元气归根，培补命门元气。

引气归元桩能帮助练功者端正身形、调匀呼吸、调整意念，引导练功者逐步进入身心合一的练功境界。每次站桩时间以 5 至 10 分钟为宜，多次重复练习。

第三节 意念练习

意念的作用

调心的基本内容可概括为"意守"二字，"意守"即意念归一，是非强制性的注意力集中。这种意念活动的特征在于轻松的专一，排除杂念，以防意念散乱。人的意念活动也能间接支配神经系统管理的内脏活动，通过意守、入静这种"反身注意"和心理暗示，可调节许多生理功能。从心理学角度分析，意守可以锻炼注意力和想象力这两种重要的心理品质。

意念的方法

（1）意守身体放松

在保证身形姿态和动作姿势正确的前提下，有意识地放松身体是练功中最基本和重要的方法。练功者一开始就要精神放松、思想集中、呼吸调匀，同时诱导身体各部位从上到下、从里到外对四肢百骸、五脏六腑进行放松，使其舒适自然，毫无紧张之感，以进入练功状态。在动作练习过程中，不断保持并尽可能使这种放松程度加深，以解除各种紧张状态，放松时要做到松而不懈。有意识地放松精神和肢体，就是意念集中的一种表现。

（2）意守身体部位

练功者通过意守身体上的某一部位或穴位，有助于排除杂念。更换意守穴位还有助于疏通气血和调节脏腑。通常意守的穴位有丹田、百会、命门、会阴、涌泉、劳宫等。

（3）意想动作过程

在练功过程中，练功者通过意想动作规格是否正确，方法是否准确清晰，要领是否得法，既可集中意念，又可达到正确掌握功法技术的目的。如"左右开弓似射雕"，练功者通过意想左右开弓的过程进入了一个射箭的意境。

意念要求

调心的基本要求是"入静"，即思想上进入一种安静的状态，是在有意识的锻炼中、无意识的情况下形成的。由于个体情况的差异，入静的程度和境界也有所差别。初学八段锦，不可对入静要求过高，以致产生急躁情绪，反而难以入静。只要姿势自然舒适，呼吸柔和，各种杂念相对减少，就可慢慢进入入静状态。

练习八段锦过程中要"虚静"，要"敛神"。正如《黄帝内经》中说："古有真人者，提挈天地，把握阴阳，呼吸精气，独立守神，肌肉若一，故能寿蔽天地，无有终时。""肌肉若一"指的是全身要形成整劲，"独立守神"表现为"外动内静"，肢体动而内心静，身体不能松懈和僵硬。所谓身心一体，身体放松，各个部位保持平衡，才能有助于"敛神"，从而达到"心静"。

活位意守和定位意守

（1）活位意守

即意守的部位可根据需要灵活多变，如意守肚脐、意守膻中穴（前正中线上，两乳头连线中点）、意守任督两脉、意想动作过程等，并配合开降、聚降、升降、开合、聚散等5种"松静"形式进行练习。

① 开降法：吸气时意想从肚脐（或别的部位，以下皆同）开始，身体慢慢地由里向外松开，同时默念"静"字，使身心平静、安静；呼气时意想身体从头顶百会穴开始，向下一直放松，直到脚底涌泉穴，同时默念"松"字，并体会身体的逐节放松。

② 聚降法：吸气时意想清新的空气吸入鼻腔以后慢慢向肚脐积聚，同时默念"静"字；呼气时意想身体从头顶百会穴开始，向下一直放松，直到脚底涌泉穴，同时默念"松"字。其他要求同上。

③ 升降法：整体升降练习法，吸气时意想人体清气由足部涌泉穴向上升，直至胸口膻中穴，同时默念"静"字；呼气时意想清气由头顶百会穴向下一直放松，直到脚底涌泉穴，同时默念"松"字。其他要求同上。

部位升降练习法，以手臂为例，吸气时意想清气从十指指尖开始，向肩井穴（第 7 颈椎棘突与肩峰最外侧点连线中点）上升，同时默念"静"字；呼气时相反，同时默念"松"字。其他要求同上。

④ 开合法：吸气时意想从肚脐开始，身体慢慢地由里向外打开，同时默念"静"字；呼气时意想打开的身体，逐步从外向肚脐汇合，同时默念"松"字。其他要求同上。

⑤ 聚散法：吸气时意想吸入外界清气向肚脐积聚，同时默念"静"字；呼气时意想从肚脐开始，身体慢慢地由里向外地排出人体的浊气、病气，同时默念"松"字。其他要求同上。

根据需要选择以上方法练习 5 至 10 分钟后，然后采取定位意守的方法进行养气。

（2）定位意守

意想以气海穴（前正中线上，肚脐下 1.5 寸）为中心，有一个如同自己拳头大小的区域，上缘为神阙穴（肚脐中央）、下缘为关元穴（前正中线上，肚脐下 3 寸），悬在小腹内。轻轻意守 5 至 10 分钟，以养形、养神、培补元气。

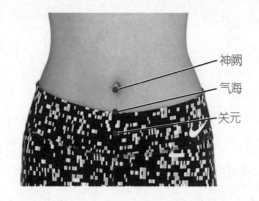

神阙

气海

关元

注意事项

（1）不论采用顺腹式还是逆腹式呼吸，不可为追求呼吸的深长或腹部的起落而勉强延长呼吸，以自然舒适为宜。

（2）不论是活位意守还是定位意守，均应做到似守非守。

第三章

坐式八段锦（一）

第一节 五行学说

五行学说总结了五行的特性，即"水"具有滋润和向下流动的特性，"火"具有温热和上升的特性，"木"具有曲直生长的特性，"金"具有容易变化的特性，"土"具有生长庄稼的特性，将世界上所有事物推演、归类为具有五种属性的五大类。据此，凡是寒凉、滋润、向下运行的事物，均归属于水；具有温热、升腾作用的事物，均归属于火；具有生长、开发、条达、舒畅等作用或性质的事物，均归属于木；具有清洁、肃降、收敛等作用的事物，均归属于金；具有生化、承载、受纳作用的事物，均归属于土；详细内容见表1。

表 1 五行归类表

自然界							五行	人体						
五音	五味	五色	五化	五气	五方	五季		五脏	五腑	五宫	形体	情志	五神	五声
角	酸	青	生	风	东	春	木	肝	胆	目	筋	怒	魂	呼
徵	苦	赤	长	暑	南	夏	火	心	小肠	舌	脉	喜	神	笑
宫	甘	黄	化	湿	中	长夏	土	脾	胃	口	肉	思	意	歌
商	辛	白	收	燥	西	秋	金	肺	大肠	鼻	皮	悲	魄	哭
羽	咸	黑	藏	寒	北	冬	水	肾	膀胱	耳	骨	恐	志	呻

五行学说探索五行之间的相生、相克、相乘、相侮的不同变化方向和关系，揭示复杂系统内部各事物之间相互联系的运动变化规律。五行学说认为，世界上的任何事物或现象都可以根据"五行"的属性归类为五种不同性质的物质，它们之间的相互关系和运动变化决定了事物或现象的发生、发展；事物或现象之间的差异性，是由这五种属性的物质间运动状态所引起和决定的。

第二节　桩功练习

推山桩

动作说明

　　开步站立，双膝伸直，两脚约与肩同宽（图3-1）；两臂侧摆至与肩同高，两掌掌心向下，指尖朝外，继而坐腕立掌，指尖上翘、掌心向外，两掌根用力外撑，目视前方（图3-2）；根据个人情况可选择下坐屈膝（图3-2侧）。

▲ 图3-1　　　　　　　　　▲ 图3-2　　　　　　　　　▲ 图3-2侧

此桩也可前推，两臂前平举，与肩同宽、同高，掌心向下，继而坐腕立掌，指尖上翘、掌心向外，两掌根用力前推，目视前方，根据个人情况可双膝伸直或下坐屈膝（图3-3、图3-3侧）。

呼吸方法

① 初学者宜采用自然呼吸。

② 随着练功水平的提高，自然过渡到腹式呼吸。

意念活动

① 站桩初期把注意力集中在动作规格和要领上。

② 随着练功的深入把注意力集中在两掌，体会动作姿势和劲力、呼吸的协调。

▲ 图3-3   ▲ 图3-3 侧

技术要点

① 推掌时力注掌根，指尖后翘，两臂与肩同高，周身形成整劲。

② 重心稳定，保持脊柱与地面垂直，避免身体左右倾斜。

易犯错误与纠正方法

① 两掌向前或向侧推掌时，躯干不能保持中正。纠正时应注意收腹松腰、头正颈直，稳定下肢和躯干。

② 推掌时动作僵硬。纠正时应注意用力柔和缓慢而持续，身体紧而不僵，不该用力的部位要保持肌肉放松。

功理与作用

① 展臂舒体，提高肩臂肌肉力量，矫正体态，改善肩关节活动功能。

② 提高练习者心肺功能。

本桩练习时，可下坐屈膝，以提高运动负荷，并根据个人体质调整高度。

降龙桩

动作说明

开步站立，两脚约与肩同宽（图3-4）；左脚向前迈步，脚尖外展约70°，脚掌踏实，屈膝前弓，大腿斜向地面，膝与脚尖上下相对；右腿自然伸直，脚跟蹬地，脚尖稍内扣，全脚掌着地；身体前俯左转，目向后凝视右脚跟；右手略高于头，向斜上方推掌，左手位于臀部高度，向后下方推掌（图3-5）。

此桩分左右两式，须换向操作，右式同左式，唯左右不同。

呼吸方法

① 初学者宜采用自然呼吸。

② 随着练功水平的提高，自然过渡到腹式呼吸。

意念活动

① 站桩初期把注意力集中在动作规格和要领上。

② 随着练功的深入把注意力集中在全身，体会动作姿势和劲力、呼吸的协调。

▲ 图3-4

▲ 图3-5

技术要点

① 后腿沉髋，以加大腰部的拧转幅度，使整条脊柱充分旋转，增强腰部肌肉力量。

② 重心前移，增加前腿膝关节弯曲度，身体重心分配约为前六后四。

③ 两臂前后撑开，自然伸直，沉肩坠肘，内蓄劲力。

易犯错误与纠正方法

① 两腿无力。纠正时应注意大腿内侧收紧，脚趾抓地，两膝不松懈断劲。

② 腰部旋转不够充分。纠正时应注意收腹拧腰，力从脚起，周身一体。

功理与作用

练习降龙桩要求腰部充分拧转侧屈，运转带脉，疏通经络，强腰补肾。

起落桩

动作说明

两脚平行，开步站立，两脚内侧约与肩同宽，两手自然垂于体侧，目光内含、目视鼻尖（图3-6）；随着吸气，两臂向两侧抬起至与肩同高（图3-7），随着呼气，身体后坐屈膝，两臂沉肩坠肘，两手下按至胯旁，掌心向下、手指向外，两臂微屈，掌与胯相距约10厘米，目视前下方（图3-8）；随着呼吸进行重复练习。

呼吸方法

① 初练此桩时宜采取自然呼吸。

② 随着练功水平的提高，自然过渡到腹式呼吸。

意念活动

① 站桩初期以意念端正身形。

② 意念两掌扶按水中之球，下坐时掌根按球领劲，起身时两手托球领劲，要求劲贯全身。

技术要点

① 百会穴虚领顶劲，背部向上伸展；肩臂松沉下落，掌指自然伸直；身体重量均衡落于两脚底。

② 重心起落速度均匀，两掌升按劲力适度。

③ 周身中正，精神内守，气沉关元。

▲ 图 3-6   ▲ 图 3-7   ▲ 图 3-8

易犯错误与纠正方法

① 两臂僵直。要注意沉肩、坠肘、坐腕，以肩带臂、以臂带手，节节放松、节节贯穿。

② 注意力不集中、呼吸短浅、气息上浮。注意力要集中，胸部放松，意念气沉丹田（关元穴）。

功理与作用

调整身体各部位姿势，稳固根基，强筋壮骨，提高肌肉力量，锻炼调身、调息、调心"三调合一"的能力。

起落桩能帮助练功者端正身形、调匀呼吸、调整意念，引导练功者逐步进入身心合一的练功境界。每次站桩时间以 5 至 10 分钟为宜，多次重复练习。

第三节 坐式八段锦一至三动

坐式八段锦适合久坐人群、体质虚弱者，或者因受到场地限制，不方便进行较大幅度锻炼者练习。

坐式八段锦吸取了站式八段锦和道家八段锦锻炼的精华，从增强体质、活动关节、增加肌肉力量、提高心脑血管机能、增进脏腑功能等角度出发，本着简便易行、安全高效的锻炼原则，全面增强练习者的身心素质。

在坐式八段锦练习中，建议采用"逆腹式呼吸法"，动作和呼吸的配合原则是：起吸落呼、开吸合呼、蓄（劲）吸发（劲）呼。

预备式

动作规格

端坐在椅子上，两脚分开与肩同宽，两脚平铺在地面上，膝盖指向正前方，臀部压实椅面，收腹，伸直背部，两肩下沉，双手掌心向下平放在大腿上，下颌内收，目光平视，百会穴有上顶之意（图3-9）。

呼吸要求

采用逆腹式呼吸，随着吸气，感觉脊柱从尾骨开始向百会穴伸展；随着呼吸，感觉双肩和臀部下沉。

随着吸气，腹部内收；随着呼气，腹部外鼓。

把注意力集中在腹部，感受随着呼吸，腹部的一起一落、一收一放。

▲ 图 3-9

第一式：两手托天

动作规格

动作一：接上式。随着吸气，两臂外旋，两肘自然伸直，手指指向斜下方，腋下约成45°，掌心向后（图3-10）。

动作二：在吸气结束、自然屏息时，转掌心向前（图3-11）。

动作三：随着呼气，两手合抱于腹前，手指放平，十指相对，两掌心劳宫穴与肚脐成等边三角形（图3-12）。

动作四：保持均匀缓慢的呼吸二到三次，最后一次呼气后，两手下落靠近身体，掌心向上，十指相触（图3-13）。

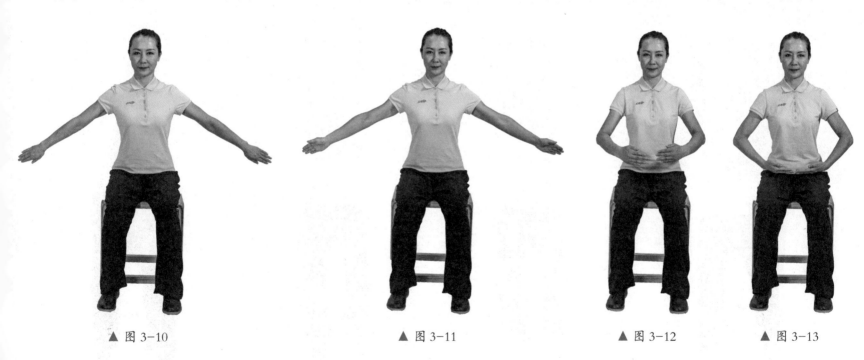

▲ 图 3-10　　　　　　　　▲ 图 3-11　　　　　　　　▲ 图 3-12　　　　　　　　▲ 图 3-13

动作五：接着十指交叉，随着吸气，屈肘向上，提到与胸口同高时，翻掌转掌心向上，继续往上举，眼睛跟着手走，目视手背。两臂伸直的时候，手掌放在额头斜上方，抬头目视手背（图3-14）。

动作六：手臂继续往后拉，拉到与身体在一个平面上；同时下颌内收，头部摆正，使手臂和头往相反方向运动。同时左脚前放，勾脚，伸直左膝（图3-15）。

动作七：随着呼气，两手分开，与肩同宽，转掌心向前，同时左脚由屈变伸，脚底压实地面（图3-16）。

动作八：然后屈肘、沉肩、落手，两手下落至大腿上；同时屈膝，左脚收回（图3-17）。

▲ 图 3-14

▲ 图 3-15

▲ 图 3-16

▲ 图 3-17

接做右侧动作，上肢和躯干的动作不变，唯下肢动作方向相反。

本式动作一左一右为一遍，共做 3 遍。

呼吸要求

动作五在手臂上举的时候，如果气够长，就一直吸气；如果不够就自然呼吸，使呼吸和上举的动作配合起来就行。

动作六手臂后拉、头部摆正时，应保持不吸气也不呼气的"屏息"状态。

功理作用

本式动作可以充分拉长躯干、上肢和下肢各关节周围的肌肉、韧带及关节软组织，使其伸展性增加，提高关节的灵活性，对于防治肩部疾病具有良好的作用。

在动作完成过程中，肩关节周围的三角肌和颈背部的斜方肌、肩胛提肌可得到适宜的刺激，有利于预防颈椎病。

两手交叉上举，可最大限度地增加胸廓容积，使肺的吸入空气量、胸腔的负压和大静脉回心血量增加，心脏泵血功能加强，促进血液循环。

动作配合逆腹式呼吸，可以使膈肌下降幅度加大，对腹腔内器官按摩、挤压能力增强，改善腹腔内器官的血液循环等生理功能。

第二式：左右开弓

动作规格

动作一：接上式。随着吸气，两手上抬至胸前交叉，左手在外、右手在内，掌心向里、手指斜向上（图3-18）。然后，左手转掌心向外变成"八字掌"，右手五指弯曲第一二指节、五指并拢成"拉弦"状的"虎爪"（图3-19）。

八字掌，就是把拇指和食指尽量打开，其余三指用力扣起来。做八字掌的时候，立腕，手掌要尽量往后撑，使手腕和手臂形成 90° 的直角，要充分感受到手臂内侧的抻拉；同时，食指和拇指伸直后撑，其余三指扣紧。

　　虎爪，即五个手指并拢弯曲，模仿"拉弦"的动作。

　　动作二：随着呼气，左臂伸直，左手立掌向左侧推出，掌心向外，同时向左转头，目视左手；右臂屈肘，掌心向里，右肘向右侧顶出，右手置于右肩前；同时，勾左脚，伸直左膝，左脚上抬尽量至与地面平行（图 3-20）。

　　动作三：两手放松成自然掌，随着吸气两手前收至体前，掌心向下、与肩同宽，左脚保持不动（图 3-21）。

　　动作四：随着呼气，落脚落手，两手落在大腿上，左膝弯曲、左脚落在原来位置（图 3-22）。

▲ 图 3-18　　　　▲ 图 3-19　　　　▲ 图 3-20　　　　▲ 图 3-21　　　　▲ 图 3-22

　　动作五至八同动作一至四，唯方向相反。

本式动作一左一右为一遍。共做 3 遍。

功理作用

做虎爪时手指收紧，然后再放松变成自然掌，一紧一松，可以促进气血的循环。

本式动作能有效地发展上、下肢肌肉力量，可以使上臂的肱二头肌及三角肌的力量得到有效锻炼，增加前臂和手部肌肉的力量，提高手腕关节及指关节的灵活性；改善颈部血液循环和肢体末梢的微循环，预防肩颈疾病。

第三式：单举理脾

动作规格

动作一：接上式。两手边上抬边转掌心向上，于腹前手腕交叉，手指和掌心均斜向上，左手在上、右手在下（图3-23）。

动作二：随着吸气，左手沿身体中线向上穿掌，手指斜向上、掌心向里，经过面部翻转掌心向上至手臂伸直，手掌置于头部斜上方，手指向右、掌心向上；同时右手翻掌下按，手臂向下伸，掌心向下，手指指向前方；保持平视（图3-24）。

动作三：随着呼气，两手原路返回至腹前交叉（图3-25）。

动作四：两手分开放在大腿上（图3-26）。

动作五至八同动作一至四，唯方向相反。

本式动作一左一右为一遍，共做 3 遍。

▲ 图 3-23

▲ 图 3-24

▲ 图 3-25

▲ 图 3-26

功理作用

本式动作中的"脾"不是指解剖学上的"脾脏"，而是传统医学中所讲的"脾"，基本上指的是现代医学中的"消化系统"。

本式动作通过左右手臂一紧一松的静力牵张，在上下对拉中牵拉腹腔，可以起到对消化系统按摩的作用，促进胆汁、胃液的分泌。同时还可以使脊柱内各椎骨间的小关节及小肌肉得到锻炼，增强脊柱的灵活性与稳定性，预防和治疗肩颈疾病。

第四章

坐式八段锦（二）

第一节 脏腑学说

脏腑是人体内脏的总称。按照脏腑的生理功能特点，可分为脏、腑、奇恒之腑三类：脏，即心、肺、脾、肝、肾，合称为"五脏"；腑，即胆、胃、小肠、大肠、膀胱、三焦，合称为"六腑"；奇恒之腑，即脑、髓、骨、脉、胆、女子胞（子宫）。

我们常说：人有五脏六腑。五脏和六腑——对应，就像四季和五行——对应。"春夏秋冬"中的"夏"需要变成"夏"和"长夏"，如此四季就变成了五季可以与五行相对。同理，五脏中的"心"分出一个"心包"，就变成了"六脏"，正好与六腑相对。

中医院的"脾胃科"说明"脾"和"胃"关系紧密，成语"肝胆相照"说明"肝"和"胆"相对应。《黄帝内经》上说"凡十一脏皆取决于胆"，把胆的作用比喻为"中正之官"，把肝比喻为"将军之官"，将军要做决断，靠的就是"肝"和"胆"的协调配合。脏和腑之间的这种——对应的关系叫作"表里"。

脏腑学说是以五脏为中心的整体观。五脏生理功能之间的平衡协调是维持机体内在环境相对恒定的重要因素。八段锦的养生保健作用是通过一系列自身的调节，维系和调整五脏生理功能之间的平衡协调。因此，了解"五脏"的主要生理功能和相互关系，有助于认识八段锦健身机制，对学练有重要指导作用。中医脏腑学说中"五脏"虽与西医脏器的名称相同，但生理上和病理上的含义不同，请学员注意两者之间的差别。

在八段锦锻炼中，动作、呼吸、意念的运用特别重视培养肾中精气，有利于调和体内阴阳，使肾内精气充沛，阴阳平衡，充分发挥其"先天之本"的作用。

肾主纳气，人的呼吸运动虽然由肺所主，但还有赖于肾气的摄纳，《类证治裁·喘证》说："肺为气之主，肾为气之根，肺主出气，肾主纳气，阴阳相交，呼吸乃和。"通过八段锦锻炼，一方面能使肾内精气充足，有利于发挥其纳气功能；另一方面，练功时均匀、深长、平和地呼吸，有助于改善肾对呼吸的摄纳作用，保证体内外气体的正常交换，达到保精养神、益气全形的目的。

步法练习

（1）前进步

两脚开立，与肩同宽，两手在背后叠握，手背向内（图4-1）；两腿微屈，重心由两腿之间移至右腿，左脚由脚后跟至脚前掌依次提起，收于右腿旁，重心落于右腿（图4-2），左腿向前迈出，后脚跟先着地，成左虚步（图4-3）；左脚脚掌由后向前依次着地，脚尖向前，左腿屈膝，右腿伸直，成左弓步（图4-4）；重心后坐，左脚尖外撇约30°后再重心前移，左脚踏实，左腿屈膝，右脚由脚后跟至脚前掌依次提起收于左脚旁，重心落于左腿（图4-5）；身体右转，右脚向前迈出，后跟先着地，成虚步（图4-6），然后右脚掌由后向前依次着地，脚尖向前，右腿屈膝，左腿伸直，成右弓步（图4-7）。

如此反复前进练习。最后，左脚向前上步，脚掌由前向后依次着地，两脚平行站立，与肩同宽（图4-8）。

（2）后退步

两脚开立，与肩同宽，两手在腹前叠握，掌心向内（图4-9）；两腿微屈，左脚由脚后跟至脚前掌依次提起，收于右脚旁，重心落于右腿（图4-10），左脚向左后方伸出，先脚尖着地（图4-11），再重心后移，全脚着地，屈膝下蹲，右脚前掌上翘，脚跟着地，成虚步（图4-12）；右脚提起，收于左脚旁，重心落于左腿（图4-13），随即右脚向右后方伸出，先脚尖着地（图4-14），再重心后移，全脚着地，屈膝下蹲，左脚向后落步。

如此反复后退练习。最后，脚掌由前向后依次着地，两脚平行站立，与肩同宽，目视前方（图4-15）。

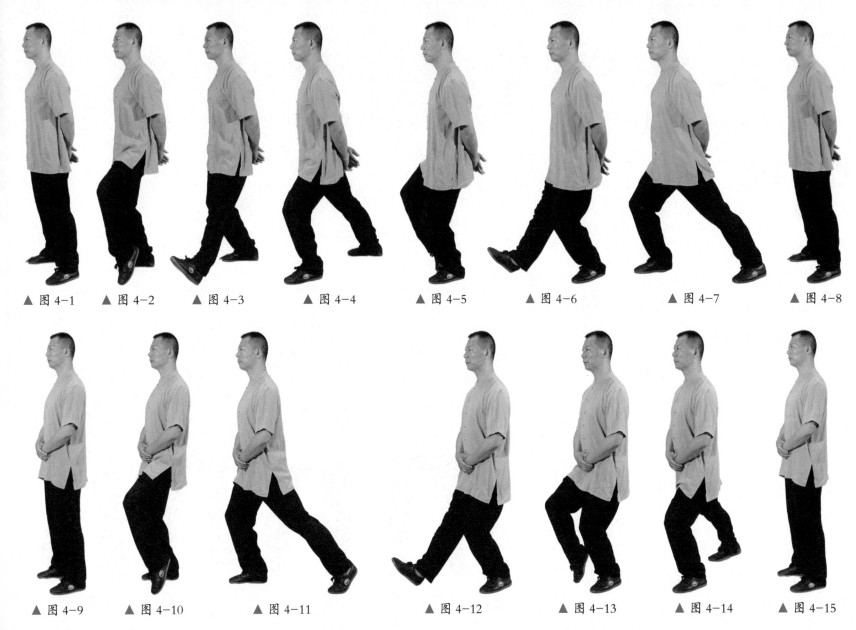

▲ 图 4-1　　　▲ 图 4-2　　　▲ 图 4-3　　　▲ 图 4-4　　　▲ 图 4-5　　　▲ 图 4-6　　　▲ 图 4-7　　　▲ 图 4-8

▲ 图 4-9　　　▲ 图 4-10　　　▲ 图 4-11　　　▲ 图 4-12　　　▲ 图 4-13　　　▲ 图 4-14　　　▲ 图 4-15

（3）技术要点

① 进退步时，都要注意膝盖和脚尖尽量保持在一个方向，以使重心平衡。

② 弓步时，膝部不要超过脚尖，减轻膝关节负荷强度。

③后退时，身体保持正直，不能前俯、后仰，收腿速度要均匀、缓慢，腰部肌肉保持适度紧张。

肩臂练习

（1）活肩

动作说明

身体放松直立，两臂自然下垂。两肩上提，耸肩缩项，收腹提肛，配合吸气（图4-16）；两肩放松下落，屈膝下坐，配合呼气（图4-17）；两肩向后，展肩扩胸，配合吸气（图4-18）；两肩向前，含胸合肩，配合呼气（图4-19）；再向后、向上、向前、向下摇转，胸部随之开合，两臂随之摆动，向后、向上时配合吸气，向前、向下时配合呼气。

技术要点

① 两肩上提、下沉、外展、内合要充分，每动可以停留数秒，体会肌肉收紧的感觉。

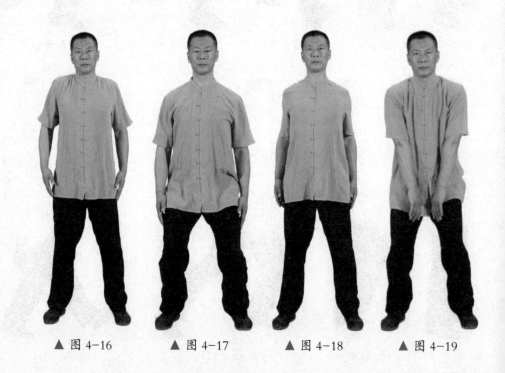

▲ 图4-16　　▲ 图4-17　　▲ 图4-18　　▲ 图4-19

② 肩部摇转，既要动作到位，又要肩活身灵，连贯圆活，连绵不断。

肩关节由肩胛骨的关节盂和肱骨头组成，关节囊薄弱松弛。准备活动不充分、动作不准确等都容易导致肩部软组织损伤，活肩既可以增强周围肌肉的力量、滑利关节，又能防止动作的生硬、僵滞。中老年人的肩关节功能处于退化阶段，练习时要注意适度，循序渐进，动作幅度过大、用力过猛等都可能造成肩关节的损伤。

八段锦中很多动作需要以肩为根节，催动手臂，形于手指，所以加强肩部的灵活性锻炼，可以使动作更流畅、逼真。

肩部练习的方法简单易行，不仅可以作为八段锦的基本功练习，还可以作为一项日常家居护理法，经常练习可防治中老年人易患的肩周炎等疾病。

（2）运臂

动作说明

两脚分开，与肩同宽，两腿微屈，两臂自然下垂于体侧，舌抵上腭，全身放松（图4-20）；两臂伸直体前举起，向前、向上至头顶上方，掌心向前（图4-21），手臂经两侧下落（图4-22），垂于体侧，目视前方（图4-23）；再两臂伸直向后，经体侧举至头顶上方，掌心相对（图4-24），两臂继续向前下落（图4-25），垂于体侧，目视前方（图4-26）。

两臂上举时配合吸气，下落时配合呼气。

技术要点

① 两臂上举、下落，运行路线形成一个弧形，转角要圆润，手掌要边提边翻转。

② 呼吸与手臂运转协调配合，吸气绵长，收腹提肛；呼气深沉，松腹落肛，气沉丹田。

运臂练习是为了使锻炼动作、呼吸、意念三者的协调配合一致，使手臂与整个身体协调一致、融为一体。手臂运动与呼吸节奏配合顺畅，才能从精神和意识上放松、入静，从而提高人体神经系统的协调能力。

▲ 图 4-20　　▲ 图 4-21　　　　▲ 图 4-22　　　　▲ 图 4-23　　▲ 图 4-24　　▲ 图 4-25　　▲ 图 4-26

躯干练习

　　躯干指的是胸、背、腰、腹、臀五个部位，它们相互联系，协同运动。

　　在八段锦练习中，躯干有前俯、后仰、折叠、提落、开合、缩放等全方位的运动，对颈椎、胸椎、腰椎等部位都进行了有效的锻炼，并以腰为主轴和枢纽，带动上、下肢向各个方向运动，因此不能忽视躯干的基本练习。

（1）摇转辘轳

　　辘轳是古人提取井水的起重装置，井上竖立井架，上面装有可用手柄摇转的轴，轴上绕绳索辘轳，绳索一端系水桶，摇转手柄，使水桶一起一落，提取井水。

　　"摇转辘轳"是古代导引术中的一个动作，两臂体前摇转，带动躯干由屈到伸，由含到放，控制肌肉和关节的运动，并和呼吸相配合，形成脊柱的蠕动状态。

动作说明

　　两脚分开，与肩同宽，两腿微屈，舌抵上腭，两臂自然下垂于体侧（图4-27）；两手握空拳经体侧上提至胸部两侧，身体后仰，目视前上方（图4-28）；两臂继续向上、向前划弧，同时两膝伸直（图4-29），再两腿屈膝下蹲，收腹含胸，同时两手向下划弧至两膝侧，目视前下方（图4-30）；再伸膝、送髋、挺腹、后仰，同时两手握空拳经体侧上提至胸部两侧，目视前上方（图4-31）。

　　反复练习，最后还原站立（图4-32）。

▲ 图4-27　　　▲ 图4-28　　　▲ 图4-29　　　　　▲ 图4-30　　　▲ 图4-31　　　▲ 图4-32

技术要点

　　① 两臂在体前划立圆，动作缓慢，圆活连贯，速度均匀，带动躯干前俯、后仰、折叠、开合，协调一致。

49

② 头颈部容易和躯干脱节，形成低头或仰头的姿势。头颈部要保持适度紧张，与躯干形成一体，随着躯干的运动而动，并在意识上加以关注。

"摇转辘轳"通过脊柱的前后伸展折叠，牵动任、督两脉，督脉行于背部正中，任脉行于腹面正中，起到调理阴阳、疏通经络、活跃气血的作用，增加了脊柱各关节的柔韧性和伸展度，可使脊柱保持正常的生理弧度。脊柱运动能增强腰部肌肉力量，对常见的腰部疾病，如腰肌劳损、习惯性腰扭伤等症有防治作用。

（2）躯干开合

动作说明：两脚分开，与肩同宽，两腿微屈，两臂弧形前摆，高与肩平，手背相对，同时含胸、拱背、收腹、敛臀、提肛、屈膝，目视前下方（图4-33）；两臂下落，左右分开，向侧后方摆起，掌心向上，展肩、扩胸、塌腰、撅臀，两腿伸直，目视前上方（图4-34）。

反复练习。

技术要点

① 两臂前伸，含胸后引，使后背形成"横弓"；收腹敛臀，命门穴（后正中线上，第二腰椎棘突下凹陷处）后凸，使脊柱形成"竖弓"。

② 两臂后摆，肩部要充分展开，挺胸、塌腰、撅臀，躯干形成反弓状。

"横弓"可以使肩背部肌肉得到牵拉，对颈肩综合征、肩关节周围炎等症有防治作用；"竖弓"可以增强腰背部肌肉力量，后凸命门，使整条脊柱后弯，内夹尾闾，上开大椎，意在疏通督脉经气，具有振奋全身阳气的作用。身体呈反弓状，能矫正脊柱畸形，牵动任脉，可起到疏通任督两脉经气的作用。

▲ 图 4-33　　▲ 图 4-34

第三节　坐式八段锦四至六动

第四式：扩胸后瞧

　　"握固"一词出自《道德经》第五十五章，老子在这一章里描绘了初生婴儿的种种状态，其中写到初生的婴儿"骨弱筋柔而握固"。意思是说，初生的婴儿筋骨很柔弱，但是握拳却握得很紧，小拳头握得牢，拽都拽不开。从此，这种手型就有了一个专有名词，叫作握固。本式动作中有握固手型。

动作规格

　　动作一：接上式。两手握固。握固：屈拇指，拇指指尖放在无名指指根，其余四指紧握住拇指（图4-35）。

▲ 图4-35

　　动作二：屈肘上提，两拳置于肩前，拳心相对（图4-36）。

　　动作三：随着吸气，两个肩胛骨向中间靠拢，带动两臂向两侧展开，至拳心翻转向外、肩胛骨并拢，双肩向两侧打开；同时向左侧转头，平转90°（图4-37）。

　　动作四：随着呼气，两个肩胛骨向两侧打开，手臂翻转向中间靠拢，至两小臂和手背并拢；同时头转正，目光平视（图4-38）。

　　动作五至六同动作三至四，唯方向相反。

　　动作七：两拳置于肩前，拳心相对（图4-39）。

　　动作八：松拳变掌，两手落在大腿上（图4-40）。

　　本式动作一左一右（动作一至八）为一遍，共做3遍。

▲ 图 4-36

▲ 图 4-37

▲ 图 4-38

▲ 图 4-39

▲ 图 4-40

功理作用

久坐及缺乏运动容易造成背部脂肪堆积，会加重脊柱负担，导致脊柱变形，进而压迫五脏六腑，容易形成椎间盘突出和骨质增生，很多慢性疾病与脊椎弯曲变形有关。该式动作通过肩胛和手臂外旋扭转的牵张作用，扩张和牵拉胸腔、腹腔诸脏腑，活动背部肌群。活动肩胛骨可以使菱形肌、斜方肌等附着在肩胛骨上的肌群得到充分牵拉，增强相关肌群力量，增大关节活动幅度，防治肩部和背部的相关疾病。

第五式：摇头摆尾

动作规格

动作一：接上式。随着吸气，手掌用力下压，同时脊柱用力向上伸展，抬头，目视正上方；伸直后背，两个肩胛骨紧靠在一起，保持一至三次呼吸（图4-41）。

动作二：随着呼气，下颌回收，目光平视，身体放松转正，同时两手放松（图4-42）。

动作三：随着吸气，翻转掌心向上，两手侧平举（图4-43）。

动作四：随着呼气，屈肘十指交叉抱于脑后，两肘向后、向两侧撑开，两肩下沉（图4-44）。

动作五：随着吸气，两肘保持不动，身体左转，转动幅度根据自身情况而定；然后低头下视左臀部，左侧腰部收紧，右侧臀部用力下压、左侧臀部放松左顶（图4-45）。

动作六：随着呼气，身体放松，转正，上身挺直，平视（图4-46）。

▲ 图4-41　　▲ 图4-42　　　　▲ 图4-43　　　　▲ 图4-44　　　▲ 图4-45　　　▲ 图4-46

动作七至八同动作五至六，唯方向相反。

第八动作结束后，两手松开，向前向下落在大腿上。

本式动作一左一右（动作一至八）为一遍，共做3遍。

功理作用

该式动作中，脊柱腰段、颈段有较大幅度的侧屈、旋转，可使整个脊柱的头颈段、腰腹及臀、股部肌群参与收缩，既增加了颈、腰、髋的关节灵活性，又可以发展该部位的肌肉力量，使腹腔内脏得到挤压按摩，功能得到改善及提高。

第六式：两手攀足

动作规格

动作一：接上式。右手放在左膝内侧，左手放在左膝外侧；随着吸气，收腹，两手扶膝（图4-47）。

动作二：伸直左膝，勾左脚，伸直背部，身体前俯，贴近左腿。根据自身条件两手可前滑至小腿或脚踝处（图4-48）。

动作三：屈左膝、左脚下落，两手收回。

动作四：随着呼气，身体回正（图4-49）。

动作五至八同动作一至四，唯方向相反。

本式动作一左一右（动作一至八）为一遍，共做3遍。

功理作用

本式动作中，脊柱大幅度的前后伸展可有效发展躯干前、后伸屈脊柱肌群的力量与伸展性，尤其是腰腹部肌肉，如腹直肌、腹外斜肌、腹内斜肌、躯干后面的竖脊肌，同时对增强下肢后群肌肉的伸展性也有明显作用；并对腰部的器官有良好的牵拉、按摩作用。

▲ 图4-47　　▲ 图4-48　　▲ 图4-49

第五章

坐式八段锦（三）

第一节 经络学说

经络学说是研究人体经络系统的循行分布、生理功能、病理变化及其与脏腑相互关系的学说，是中医学理论体系的重要组成部分。经络包括经脉和络脉两部分，其中经脉分正经和奇经两大类；正经有十二，即手三阴经、足三阴经、手三阳经和足三阳经，合称"十二经脉"，是气血运行的主要通道；奇经有八条，即督、任、冲、带、阴跷、阳跷、阴维、阳维，合称"奇经八脉"。十二正经中，每条经脉分别隶属于人体一个脏或一个腑，且左右对称地分布于人体两侧。十二正经与奇经八脉及分支络脉在人体内纵横交错，里通脏腑，外达肢节，上通头，下达脚，把人体各部分联成一个整体，并行气血、营阴阳，使人体各部的功能得以协调和保持相对的平衡。十二经脉中气血运行循环流畅、首尾相连、如环无端，其流注次序如表2所示。

表2 十二经脉气血循环流注表

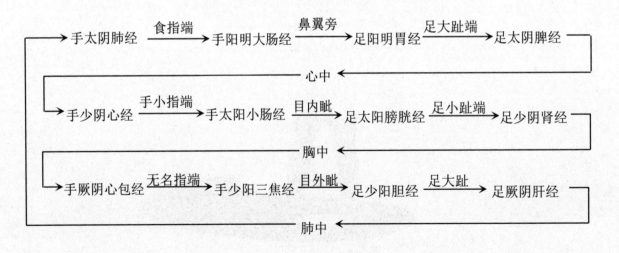

八段锦锻炼疏通经络、调畅气血的健身作用是通过循经取动的形体锻炼、循经导引的意念活动以及意守特定穴位来实现的。因此，了解人体主要经脉的循行和常用穴位的分布，对于学练八段锦有十分重要的意义。常用穴位如表 3 所示。

表 3　常用穴位

身体部位	穴位名	所属经脉	分布位置
头	百会	督脉	前发际线正中直上 5 寸
	印堂	督脉	两眉头内侧端中间的凹陷处
	太阳	经外奇穴	眉梢与目外眦之间向后约 1 寸凹陷处
	人中	督脉	上唇人中沟上 1/3 与中 1/3 交点处
	承浆	任脉	颏唇沟正中凹陷处
颈	玉枕	足太阳膀胱经	头后部，后发际正中直上 2.5 寸，旁开 1.3 寸
	风池	足少阳胆经	胸锁乳突肌上端与斜方肌上端之间的凹陷中
	天柱	足太阳膀胱经	斜方肌外缘凹陷中
背腰胸	大椎	督脉	后正中线上，第七颈椎棘突下凹陷处
	命门	督脉	后正中线上，第二腰椎棘突下凹陷处
	肾俞	足太阳膀胱经	第二腰椎棘突下，后正中线上旁开 1.5 寸
	膻中	任脉	前正中线上，两乳头连线中点
腹	中脘	任脉	前正中线上，肚脐上 4 寸
	神阙	任脉	肚脐中央
	气海	任脉	前正中线上，肚脐下 1.5 寸
	关元	任脉	前正中线上，肚脐下 3 寸

身体部位	穴位名	所属经脉	分布位置
裆	会阴	任脉	男性阴囊根部与肛门连线中点，女性大阴唇后联合与肛门连线中点
肩	肩井	足少阳胆经	第7颈椎棘突与肩峰最外侧点连线中点
臂	曲池	手阳明大肠经	尺泽与肱骨外上髁连线中点
	内关	手厥阴心包经	仰掌腕，远端横纹上2寸
手腿	劳宫	手厥阴心包经	横平第3掌指关节近端，第2、3掌骨之间偏于第3掌骨
	足三里	足阳明胃经	犊鼻下3寸，胫骨前嵴外侧
	承山	足太阳膀胱经	腓肠肌两肌腹与肌腱交角处
	委中	足太阳膀胱经	膝后窝横纹中点
	三阴交	足太阴脾经	内踝尖上3寸，胫骨内侧后缘处
足	太溪	足少阴肾经	内踝尖与跟腱之间凹陷中
	太冲	足厥阴肝经	足背，第一、二跖骨之间，跖骨底结合部前方凹陷中
	涌泉	足少阴肾经	屈足卷趾时足心最凹陷处

（注：1寸，拇指最宽指节处为1寸的尺度）

老年人八段锦教程

第二节　手指脚趾练习

脚踝脚趾练习

人老先从脚上老，脚离心脏最远，血液循环最慢，活动脚踝、脚趾可以让全身的气血运行更通畅。所以说脚是人的第二心脏，脚踝是足部血液流动的最重要关口。

人体下半身血液循环的畅通，对全身的气血流通影响很大。如果脚踝柔软有弹性，则回心的静脉血液能顺利通过脚踝；如果脚踝僵硬、老化，则回心血液就会淤滞在脚踝附近，使正常的血液循环受到影响。

要让全身的血液循环畅通，首先要运转脚踝，使脚踝保持柔软灵活的状态，否则回心的静脉血液就会像"塞车"一样淤滞在脚踝附近，加重心脏负担，长期下去会增加患高血压病的危险。正所谓"寒从脚起""足暖一身暖"，保持脚趾灵活、有足够的血液供应，对降低高血压、保护心脏非常重要。

（1）运转脚踝

仰卧，保持小腿、膝盖、大腿压实床面，然后脚趾缓缓下压，直到脚背完全绷紧（图5-1），稍停一会儿，保持数次缓慢深长的腹式呼吸，再慢慢地勾起脚尖，直到脚踝后侧的跟腱完全拉紧（图5-2）。

注意不要突然用力，保持缓缓用力抻拉。根据自身情况重复练习。

▲ 图 5-1　　　▲ 图 5-2

最后一次做完以后，在脚尖尽量回勾、跟腱拉紧的情况下，两脚缓缓向外侧旋转，再向前、向里、向上，旋转一周。慢慢转动数周以后，再反方向转动数周。然后将脚踝放松回正。

（2）活动脚趾

我们会用手指做"石头、剪刀、布"，现在我们用脚趾来做"石头、剪刀、布"。

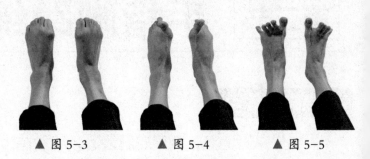

▲ 图5-3　　　▲ 图5-4　　　▲ 图5-5

"石头"：五个脚趾并拢、弯曲（图5-3）；

"剪刀"：大脚趾伸直、其余脚趾不动（图5-4）；

"布"：五个脚趾全部伸直、张开（图5-5）。

活动脚趾时速度要均匀缓慢，按照"石头""剪刀""布"的顺序重复练习。刚开始做这个练习会不太习惯，脚趾可能伸缩不自如，坚持练习会越来越顺畅，并可以打乱顺序进行锻炼。

（3）扳指功

俗话说："十指连心""手是第二个大脑""脚是第二个心脏"。扳指功锻炼手指和脚趾，可以有效促进肢体末端的血液循环，延缓衰老。

采用扶按桩（图5-6）的方式，下坐屈膝，头正颈直，身体中正，两手按在身体两侧，就像一个人坐在椅子上，两手放在椅子的两个把手上面。目光内含，目视鼻尖，舌抵上腭，鼻吸鼻呼；感觉头顶的正中央好像有一根绳子，系在头发上，把整个人提了起来，同时，沉肩、虚腋。

两脚平铺在地面上，身体重心均匀地落在两脚上。调整呼吸，随着每一次吸气，感觉整个人随着头顶的绳子在向上伸展；随着每一次呼气，感觉双肩下沉、双脚踩实大地。随着每一次吸气，腹部内收；随着每一次呼气，腹部放松还原。

▲ 图5-6

手指朝前，掌心向下，五指自然伸展。随着呼气，屈食指的指掌关节，但食指的指间关节要保持伸直，慢慢地压下食指（图5-7）；停3个呼吸，然后食指慢慢抬至略高于原位后复原。同时，两脚的第二脚趾相应地向下按压、放松，保持和食指同样的动作。

调整呼吸。然后依次是无名指、拇指、小指、中指，同时脚趾也做相应的动作。手指和脚趾下压的速度要缓慢，持续地用力（图5-8～图5-11）。

▲ 图5-7　　　　　▲ 图5-8　　　　　▲ 图5-9　　　　　▲ 图5-10　　　　　▲ 图5-11

第三节 坐式八段锦七至八动

第七式：怒目冲拳

动作规格

动作一：接上式。两手握固，拇指在内、四指在外，两拳抱于腰侧，拳心向里、拳眼向上，两肘向后，用力向中间夹紧，双目平视（图5-12）。

动作二：左拳前冲，拳眼向上，拳面朝前，拳面好像顶着很重的东西，十个脚趾抓地，全身收紧，口腔里两侧槽牙咬紧，睁大眼睛，平视前方（图5-13）。

动作三：拳面顶到肘关节超出身体后，脚趾放松，手臂放松，眼神放松，手臂慢慢伸直，拧腰顺肩，松拳变掌，拇指向上（图5-14）。

动作四：外旋转拇指向下，以指带臂，手臂顺势拧转（图5-15）。

动作五：沉肩、坠肘、旋腕，转掌心向上（图5-16）。

动作六：先扣拇指到无名指指根，再从小指开始依次扣四指成握固状（图5-17）。

▲ 图5-12　　▲ 图5-13　　▲ 图5-14　　▲ 图5-15

动作七：拳心向上，缓慢屈臂，好像拽着很重的东西向后收，咬紧槽牙、睁大眼睛、目随手走，慢慢转拳眼向上、拳心向右，同时脚趾抓地（图5-18）。

动作八：肘关节超过身体后，全身放松，目视前方，收拳于腰间（图5-19）。

右侧动作与左侧相同，唯方向相反。

本式动作一左一右为一遍，共做3遍。

功理作用

该式动作中的十趾抓地、双手冲拳、旋腕抓握

▲ 图5-16 　　▲ 图5-17 　　▲ 图5-18 　　▲ 图5-19

等动作，可使全身肌肉、筋脉受到静力牵张刺激，长期锻炼可使上下肢肌肉结实有力，气力大增。

第八式：叩齿颠足

动作规格

接上式。随着吸气，提起脚后跟（图5-20）；随着呼气，小腿肌肉放松，脚后跟叩击地面，两脚落平，同时叩齿一次（图5-21）。

重复7遍。

功理作用

颠足可发展小腿后群肌力，拉长足底肌肉、韧带。落地震动可轻度刺激下肢及脊柱各关节，并使全身的肌肉得

到了很好的放松复位，有助于肌肉代谢产物的排出，解除肌肉紧张。

现代医学研究表明，叩齿可以产生一种生理上的良性刺激，促进牙周组织的血液循环，保持牙齿稳固，预防龋齿，防止牙痛、牙周炎、牙齿松动及脱落。叩齿还能刺激上下颌骨发育，预防儿童牙齿畸形；刺激大脑皮层，预防老年痴呆等。

收式：调整身体

动作规格

轻闭双眼，调匀呼吸，然后双手上抬至胸前，快速搓热两手；以中指沿鼻部两边自下而上，带动别的手指，擦至额部，再向两边分开，经两颊而下。此为一遍，共做3遍。

做完以后双手分开下落于大腿上，睁开双眼，轻轻起身，活动四肢关节。

功理作用

常做"搓手浴面"可使脸部光泽，防止皱斑产生。

▲ 图 5-20

▲ 图 5-21

第六章

站式八段锦（一）

第一节 运动锻炼与心理改善

八段锦练习以"形神统一"为重要特点，形是指外在的运动形式和身体姿势，神是指内在的心理、精神、意志、思维活动。人的生命是精神与肉体的统一，人与一般动物的根本区别在于具有特有的精神活动——意识活动。《淮南子·道原训》说："夫形者，生之舍也；气者，生之充也；神者，生之制也。"如果从形、气、神三位一体的人体生命整体出发，八段锦调身、调息、调心的综合锻炼，区别于其他运动锻炼。其他运动只强调肢体的体育锻炼，并不注重意和气的运用；而八段锦锻炼的特点就在于要求练习者主动地、内向性地运用意识，通过调整人体内在潜力，从而改善人的整体功能，达到强身健体的目的。

维持生命稳态的关键是要保持中和之气，从神（心理）的角度而言，稳态就意味着意静神宁。要维持神、气的稳态，一是排除或减轻七情（喜、怒、忧、思、悲、恐、惊）过度地干扰，二是增强对形、气和自我意识的调节能力。在八段锦锻炼中，强调运用意识来维持人体的整体稳态，从而实现身心同治的功效。

世界卫生组织指出："健康不但是没有身体缺陷和病患，而且要有良好的生理、心理状态和社会适应能力。"也就是说健康包括生理与心理两方面的内容，八段锦锻炼可以同时促进身体健康。八段锦"动以养生""静能抑躁""心要常凝""形要小劳"等保健养生观点，体现了动静结合、练养相兼的全面养生的思想，在以"正气"为本的观点的指导下，既重筋骨的锻炼，达到阴阳平衡、疏通经络、调和气血、防病健体的功效，又强调心、神、意、气的结合，使人心情舒畅，消除消极情绪，脱离病态心理，起到维持心理健康的作用。练习八段锦能够调节人的精神、情感，对维持现代人的心理健康具有特殊的作用，对强身健体有着重要意义。

第二节 四总穴歌与穴位归类

四穴总歌

中医"四总穴歌"上说：肚腹三里留，腰背委中求，头项寻列缺，面口合谷收。

人身前面的疾患，如因脾、胃、大肠、小肠功能失调而出现肚腹疼痛、呕吐、胃痛、腹泻等症状，应首选足三里穴治疗。

人身头、颈、胸肺部位的病变，取列缺穴为主治疗，具有疏解风寒，清肺止咳的作用。

人身头面的疾患，主要是口及颜面部的病症，可取合谷穴治疗。

人身后面的疾患，主要是腰背部酸痛等，应取委中穴治疗。

委中穴在腘窝正中，中医认为委中穴为膀胱经气血汇合而成，故为膀胱经"合穴"，在中医的临床实践中，膀胱经的问题可以通过按压委中穴来缓解甚至治疗，这就有了"腰背委中求"这句话。腰部、背部的问题，都可以通过按压委中穴来治疗。

穴位归类

人身上有很多穴位，有什么好办法能对它们进行归类呢？古人早就注意到这一点，用水的源流来比喻经气在各经脉中运行从小到大、由浅入深、自远而近的特点。

首先是"井"穴，多位于手足之端，喻作水的源头，是经气所出的部位，这叫作"所出为井"。

接下来是"荥"穴，多位于掌指或跖趾关节之前，喻作水流尚微，曲曲折折未成大流，是经气流行的部位，这叫作"所溜为荥"。

往下是"输"穴，多位于掌指或跖趾关节之后，喻作水流由小而大，由浅注深，是经气渐盛的部位，所以叫作"所注为输"。

再往下是"经"穴，多位于腕、踝关节以上，喻作水流变大，畅通无阻，是经气盛大流行的部位，即"所行为经"。

最后是"合"穴，位于肘膝关节附近，喻作江河水流汇入湖海，是经气由此深入，进而会合于脏腑的部位，谓之"所入为合"。

"井、荥、输、经、合"这五类穴位各有其临床应用，《难经·六十八难》说："井主心下满，荥主身热，输主体重节痛，经主喘咳寒热，合主逆气而泄。"

例如，曲池穴是大肠经的合穴，是大肠经中经气最强盛的一个穴位。刺激曲池穴不仅可以疏通大肠下行之路，还可以改善人体上实下虚之症。

曲池穴主"逆气而泄"，所以按压曲池穴有明显的降压作用。另外，同样的道理，同处手肘关节处的手厥阴心包经上的曲泽穴、手少阴心经上的少海穴，也都有降压作用。

第三节 站式八段锦第一至三动

站式八段锦的动作名称早在南宋就以七字歌诀的形式出现了，与现在的动作名称相比基本上差异不大。一千多年来站式八段锦在每个朝代都有流传，就像小溪流水不绝于缕、汇流成江，直到今日，在现代社会得到广泛传播，已经走出国门，走向世界，成为中国文化的一张名片和中国传统养生体育的一个标志性符号，成为大众所熟知的传统体育锻炼项目。

起式

动作规格

动作一：松静站立，两膝自然伸直，两脚自然并拢，两臂自然垂于体侧，收腹、松腰、敛臀，头正颈直、下颌内收，唇齿轻闭、舌抵上腭，目视前方（图6-1）。

动作二：微屈膝，重心下降并移至右脚，左脚自然提起向左开步，两脚间的距离略大于肩宽，两脚平行；目视前方（图6-2）。

动作三：随着吸气，两臂内旋向两侧摆起，与腰同高，腋下约成45°，掌心向后；目视前方（图6-3）。

动作四：随着呼气，两膝稍屈，同时两臂外旋，向前合抱于腹前，与肚脐同高，掌心向内，十指相对，两掌指间距约10厘米；目光内含（图6-4）。

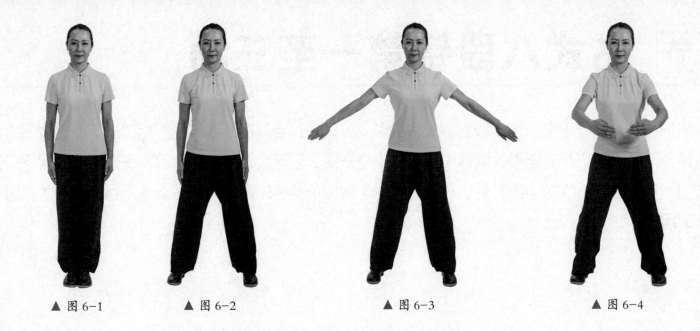

▲ 图 6-1   ▲ 图 6-2   ▲ 图 6-3   ▲ 图 6-4

呼吸要求

建议采用逆腹式呼吸，也可以根据个人情况采用顺腹式呼吸或者自然呼吸。

技术要点

要求沉肩坠肘，腋下虚掩，胸部宽舒，腹部松沉；收髋敛臀，上体中正。

易犯错误

跪膝。

纠正方法

注意下坐屈膝时，膝盖不能超过脚尖，否则长期练习膝盖会受到损伤。

功理作用

起式的作用是调正身形、调顺呼吸、宁静心神，从调身、调息、调心 3 个方面做好练功准备。

第一式：两手托天理三焦

动作规格

动作一：接上式。两臂外旋，两掌下落，掌心向上，两掌指尖相距约10厘米，小指与腹部相距约10厘米。五指分开，十指在小腹前交叉，目视前方（图6-5）。

动作二：两膝缓缓伸直；同时两臂屈肘，两掌上托，掌心向上，至胸前翻掌，两臂内旋，两掌向上托起，肘关节伸直，抬头，目视两掌背（图6-6）。

动作三：两掌继续上托，两臂保持抻拉，同时下颏内收，动作略停；目视前方（图6-7）。

动作四：身体重心缓缓下降，两膝弯曲；同时十指慢慢分开，两臂向身体两侧下落（图6-8）。两臂落至斜下方45°时屈肘，两掌捧于腹前，掌心向上，掌指相距约10厘米；目视前方（图6-9）。

▲ 图6-5　　▲ 图6-6　　▲ 图6-7　　▲ 图6-8

▲ 图6-9

本式动作一上一下为一遍，共做6遍。

技术要点

① 注意保持沉肩坠肘、松腕舒指、头正颈直、上体中正。

② 两掌上托时要舒胸展体；两臂伸直时要略有停顿，保持拉伸；两掌下落时要松腰沉髋。

易犯错误

两掌上托时没有目随手走或者抬头不够；两臂上举伸直时松懈断劲。

纠正方法

两掌上托，舒胸展体缓慢用力，下颌先向上助力，再内收配合两掌上撑，力达掌根。

功理作用

本式动作可以扩张胸廓，使腹腔、盆腔内的脏腑受到牵拉按摩，同时向上牵拉可以伸展脊柱，刺激相应神经节段，调节相应脏腑功能。

三焦指的是上焦、中焦和下焦。《黄帝内经》上说："上焦如雾，中焦如沤，下焦如渎。""如雾"是说像雾露弥漫，指的是心肺的弥散功能；"如沤"是指脾胃消化食物，像发酵一样；"渎"是下水道，如渎指的是肝肾排毒，把毒物排出体外。

《难经》上说："三焦者，水谷之道路，气之所终始也。""三焦者，原气之别使也，主通行三气，经历五脏六腑。"明确地说明三焦是人体元气（原气）升降出入的道路，人体元气是通过三焦而到达五脏六腑和全身各处的。因此三焦主管着全身的气化，三焦通道不畅会出现"气虚"现象，即现在常讲的"亚健康"，通常表现出乏力、倦怠、"累得连话都不想讲"等情况。

《中藏经》上说："三焦，总领五脏、六腑、荣卫、经络、内外、左右、上下之气。三焦之气和则内外和，逆则内外逆。" 本式动作扩胸、展腰、举臂，使胸腔和腹腔充分拉伸打开，让三焦保持舒展、通畅的状态，可有效提升三焦之气。

第二式：左右开弓似射雕

动作规格

动作一：接上式。重心右移，左脚向左开步，两膝自然伸直，两脚平行站立，约两倍肩宽；同时屈肘抬掌，两掌交叉于胸前，掌根与胸口同高，左掌在外，右掌在里，两掌掌心向内；目视前方（图6-10）。

动作二：两腿屈膝，半蹲成马步的同时右掌屈指成"拉弦"状的"虎爪"，向右拉至肩前，左掌屈中指、无名指和小拇指成"八字掌"。左臂内旋，向左推出，手腕与肩同高，坐腕，掌心向外，指尖朝上，动作略停；目视左掌方向（图6-11）。

动作三：重心右移，左膝自然伸直；同时右手五指伸开成掌，向上、向右划弧，腕与肩同高，指尖向上，掌心斜向前，左手指伸开成掌，掌心斜向前；目视右掌方向（图6-12）。

▲ 图 6-10　　　　　▲ 图 6-11

动作四：重心继续右移；左脚回收，成并步站立；同时两掌分别由两侧下落，捧于腹前，掌心向上，指尖相对，相距约 10 厘米；目视前方（图6-13）。

右式动作与左式相同，唯方向相反。

本式一左一右为一遍，共做 3 遍。

做到第 3 遍最后一动时，重心继续左移，右脚回收成开步平行站立，与肩同宽，膝关节弯曲；同时两掌分别由两侧下落，捧于腹前，掌心向上，指尖相对，相距约 10 厘米；目视前方。

技术要点

做"虎爪"时五指要并拢屈紧，肩臂放平；做"八字掌"时侧撑要沉肩坠肘、屈腕竖指、掌心涵空。

易犯错误

端肩，弓腰，八字脚。

纠正方法

沉肩坠肘，上体直立，两脚跟外撑。

功理作用

▲ 图 6-12　　　　▲ 图 6-13

该式动作能有效地发展下肢肌肉力量，提高平衡和协调能力，可以矫正一些不良姿势，如驼背及肩内收，有利于预防肩颈疾病。

在南宋八段锦文献中，本式动作被称为"左肝右肺如射雕"。"肝"和"肺"代表人体功能，肝在五行属木，位于左侧，主生发；肺在五行属金，位于右侧，主收敛。生发与收敛，如同"东与西"，太阳东升西落，"东西"象征着均衡协调。左肝右肺经常连在一起，也是因为它象征着太阳的东升西落，升降有序，起落均衡，使我们的生命自然地达到和谐统一。

八字掌有抻拉肺经和大肠经的作用，肺经走拇指的里面，大肠经走食指的外面，肺与大肠相表里。手臂的开、合和胸部的展、收，有舒展和挤压中府穴、云门穴的作用。中府穴是肺的募穴。募穴是气血直接输注到脏器的地方，和相应的脏器紧密相联。云门穴是"云气之门"，是肺气出入身体的门户。本式动作一开一合，开的时候吸气，合的时候呼气，直接牵拉到中府穴、云门穴，起到锻炼肺经的作用。

第三式：调理脾胃须单举

动作规格

动作一：接上式。两膝慢慢伸直；左臂内旋上抬，左掌与胸同高，掌心向里，手指斜向上，然后左臂内旋上举，左掌翻转上托至头的左上方，肘关节微屈，掌根用力上托，掌心斜向上，手指向右；右臂内旋，右掌对着腹部，手指斜向下，然后右掌下按至右胯旁，相距约 10 厘米，肘关节微屈，掌根用力下按，掌心向下，手指向前；动作略停，保持抻拉，目视前方（图6-14）。

动作二：重心缓缓下降，两膝微屈，同时左臂屈肘外旋，左掌沿上托的路线，经面前下落于腹前，掌心向上；右臂外旋，右掌收至腹前，掌心向上；两掌捧于小腹前，指尖相距约 10 厘米；目视前方（图6-15）。

右式动作与左式相同，唯方向相反。

本式一左一右为一遍，共做 3 遍。

做到第 3 遍最后一个动作时，两膝微屈，右臂外旋，右掌指尖转向后，然后右臂屈肘，右掌向前下按于右胯旁，相距约 10 厘米；左掌继续保持在左胯旁；两肘微屈；目视前方（图6-16）。

▲ 图 6-14   ▲ 图 6-15   ▲ 图 6-16

技术要点

力在掌根，上撑下按，舒胸展体，拔长腰脊。

易犯错误

掌指方向不正，肘关节没有弯曲度，上体不够舒展。

纠正方法

两掌放平，力在掌根，肘关节稍屈，对拉拔长。

功理作用

本式动作能促进胃部的血液循环，调理脾胃功能，有助于改善食欲，促进消化吸收，缓解因精神紧张等情绪因素引起的消化不良、胃疼等不适；配合缓慢的深长的呼吸练习，相当于对消化器官进行一次"按摩"，有助于提升消化功能，预防和缓解腹部胀气、胃部胀满、便秘等胃肠道动力不足的问题。

脾主"升"，胃主"降"，一升一降，恰好就像一手上举，一手下按。脾和胃不能保持平衡的关系了往往表现为"脾虚"，中医认为"脾主肉"，脾的任务是"运化"，人体吸收的营养，要靠脾输送到全身，脾虚了，没有力气把营养运走，就容易形成肥胖。

第七章

站式八段锦（二）

第一节 运动负荷

运动负荷是指人做练习时所承受的生理负荷，包括运动量和运动强度两个方面，在锻炼时只有运动负荷适宜，才能收到较好的健身效果。运动负荷过小则达不到锻炼目的，过大又超出了锻炼者身心所能承受的限度。因此，运动负荷是评价体育锻炼效果的一项重要指标。

有氧运动和无氧运动与运动负荷密切相关。有氧运动是指人体在氧气充分供应的情况下进行体育锻炼，即在运动过程中，人体吸入的氧气与需求的氧气相等，达到生理上的平衡状态。八段锦属于有氧运动。无氧运动是指肌肉在"缺氧"的状态下高速剧烈地运动，大部分是超负荷、持续时间短的运动，所以很难维持较长时间，而且无氧运动后消除疲劳的时间也较长。

通常用心率来衡量运动强度。一般说来，最大心率 =220- 年龄。最大心率的 60% 至 80% 叫作靶心率，锻炼时练习者的心率维持在靶心率范围内获得的锻炼效果最好。

为了安全起见，中老年或慢性病人群，靶心率大致控制在（170 - 年龄）~（180 - 年龄）。例如 70 岁老人的有氧心率一般控制在（170 - 70）~（180 - 70）=100 ~ 110 次 / 分。对刚刚开始采用运动干预疾病的患者，则乘以 0.9 的安全系数更保险，如 70 岁的患者，他的靶心率开始宜先控制在（170 - 70）×0.9 ~（180 - 70）×0.9=90 ~ 99 次 / 分。值得注意的是，还应该根据具体情况灵活确定靶心率，不同时期的健康状态、环境、季节、心情等对运动量的选择会产生一定的影响，例如感冒或患其他急性病期间，在闷热、暴晒的环境下，运动强度和运动时间均要相应降低，心率指标亦要相应降低，以保证安全。相反，随着有氧运动能力的提高，靶心率就可以作相应提高，以增强健身效果。

运动量主要受锻炼时间的影响，每次锻炼时间一般以 30 分钟以上为宜，锻炼时要注意劳逸结合，预防过度疲劳和伤病。由于机体对运动量有一个适应的过程，刚开始学练八段锦时间不宜过长，应随着身体机能的改善而逐渐延长锻炼时间。练功时间和练功强度的增加，应以习练者练功结束后感到身体舒适、心情愉悦而不疲乏，或稍有疲劳感，但第二天即能恢复为度。一旦习练者出现几天都不能恢复的过度疲劳症状，要立即采取降低练功时间、练功强度等方法进行调节。

第二节 动作中的中医文化

五劳与七伤

孙思邈在《备急千金要方》指出"五劳"：一曰志劳，二曰思劳，三曰忧劳，四曰心劳，五曰疲劳。志发于肾，志劳就是肾劳，易惊恐。思劳就是脾劳，脾主肉，相思病易消瘦，这是因为伤到了脾。忧劳是悲伤过度，心情压抑，伤肺。狂喜伤心，心劳容易惊悸，恍惚多梦，心神不定。《黄帝内经》上说"肝者，罢极之本"，意思是肝的作用在于"耐受疲劳"，肝有损则容易感到疲劳疲倦，稍微动一动就觉得累。

中医学对"七伤"有不同的理解，比如大饱伤脾，大怒气逆伤肝，强力举重和久坐湿地伤肾，形寒饮冷伤肺，忧愁思虑伤心，风雨寒暑伤形，大恐惧不节伤志；这是偏重于身体层面的"七伤"。

孙思邈认为"七伤"是远思强虑伤人，忧恚悲哀伤人，喜乐过度伤人，忿怒不解伤人，汲汲所愿伤人，戚戚所患伤人，寒喧失节伤人，也就是一般所讲的心主喜、肝主怒、肺主悲、脾主思、肾主恐、喜伤于心、怒伤于肝、悲伤于肺、思伤于脾、惊恐伤于肾。

握固与怒目

《黄帝内经》上说肝"在变动为握"。肝气一变化，首先体现在"握"上。肝气上升，人的本能就是握紧拳头，作用是要来抵消肝气上升带给人的伤害。同样的道理，睁大眼睛，瞪圆眼睛，也是为了疏泄肝气。因为肝开窍于双目，目为肝之外候。

在道教的"十二地支手诀"中，无名指指根对应的是"子"。

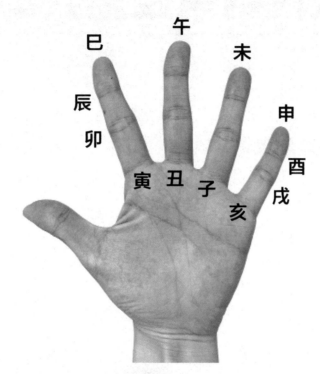

子时是晚上 11 点到凌晨 1 点，这是一天当中最黑暗的时刻，但黑暗之中孕育光明，这个光明就是一点阳气，虽然微小，却开始慢慢生长，就像初生的婴儿，虽然柔弱，却在一天天长大。小孩子生下来就握固，握的就是"阳气"，握在无名指指根，说明他的生命才刚刚起步。

第三节 站式八段锦第四至六动

第四式：五劳七伤往后瞧

动作规格

动作一：接上式。两腿缓缓挺膝伸直；同时两臂伸直，掌心向后，指尖向斜下方；目视前方。上动不停，展肩扩胸，两臂外旋上摆，腋下约成45°，掌心尽力扭转向斜后方；头向左后方转动，动作略停；目视左斜后方。注意保持身体与手臂在同一平面上（图7-1）。

动作二：两腿膝关节弯曲；同时头转正，两臂内旋，屈肘，两掌按于胯旁，掌心向下，指尖向前；目视前方（图7-2）。

右式动作与左式相同，唯左右相反。

本式一左一右为一遍，共做三遍。

做到第三遍最后一动时，两膝弯曲，头转正，两掌捧于小腹前，掌心向上，指尖相对，相距约10厘米；目视前方（图7-3）。

技术要点

头向上顶，肩向下沉，转头不转体，始终保持身体朝前，旋臂，两肩后张。

▲ 图7-1

▲ 图7-2

▲ 图7-3

易犯错误

上体后仰，转头与旋臂不充分。

纠正方法

转头时下颌内收，旋臂时应以肩胛骨为发力点，以肩带臂、以臂带手，幅度宜大。

功理作用

该式动作通过上肢伸直外旋扭转的静力牵张作用，可以扩张牵拉胸腔、腹腔诸脏腑。往后瞧的转头动作可以刺激颈部大椎穴。

该式可增加颈部及肩关节周围参与运动肌群的收缩力，增加颈部运动幅度，活动眼肌，预防眼肌疲劳和肩颈及背部疾患。改善颈部及脑部血液循环，有助于解除中枢神经系统的疲劳，增进和改善其功能。

本式动作的要点除了刺激大椎穴，还通过肩胛骨的转动刺激膏肓穴，进而抻拉膀胱经，由表及里地刺激五脏六腑，促进脏腑功能的发挥。

第五式：摇头摆尾去心火

动作规格

动作一：接上式。重心左移，右脚向右开步站立，两脚平行，约两倍肩宽，两膝自然伸直；两掌上托，至与胸同高时，两臂内旋，两掌翻转向上继续上托至头斜上方，肘关节微屈，掌心斜向上，指尖相对；目视前方（图7-4）。

动作二：屈膝半蹲成马步；同时两臂向两侧下落，两掌扶于膝关节上方，肘关节微屈，手指斜向前；目视前方（图7-5）。

动作三：重心向上稍升起，随之重心右移，左膝稍屈，上体右侧约 45° 后俯身向下；目视右脚尖（图 7-6）。

动作四：重心左移，上体保持俯身由右向前、向左旋转至左斜前方，目视右脚跟（图 7-7）。

动作五：重心右移成马步，右髋向右侧送出，尾闾随之向右、向前、向左、向后旋转至正后方；同时头向左向后转至正后方，目视上方。下颌和尾闾同时内收，头转正，重心下降成马步，目视前方（图 7-8）。

▲ 图 7-4   ▲ 图 7-5   ▲ 图 7-6   ▲ 图 7-7   ▲ 图 7-8

动作六至八同动作三至五，唯左右相反。

本式一左一右为一遍，共做 3 遍。

做完三遍后，重心左移，右脚回收成开步站立，与肩同宽，同时两臂经两侧上举，至与肩同高时翻掌向上，继续上举至两臂与肩同宽，掌心相对；目视前方。

两膝弯曲；同时两臂屈肘，两掌经面前下按至腹前，掌心向下，指尖相对，相距约 10 厘米；目视前方。

技术要点

马步下蹲要收髋、敛臀、上体中正；摇转时，脖颈与尾闾对拉伸长，好似两个轴在相对运转，速度应柔和缓慢，圆活连贯。

易犯错误

摇转时颈部僵直，尾闾摇动不圆活，幅度小。

纠正方法

① 上体侧倾与向下俯身时，下颌不有意内收或上仰，颈椎与肌肉尽量放松伸长。

② 保持收腹敛臀，加大尾闾摆动幅度。

③ 摇头时，尾闾与颈椎同时反方向摆动，使尾闾与颈部对拉拔长，加大旋转幅度。

功理作用

尾闾穴又名长强穴（尾骨端与肛门连线的中点处），在中医治疗实践中，尾闾穴主要治疗和肾相关的病症。摆动尾闾，实际上摆动的是"骶椎和尾椎"，带动的是"腰椎"。

摆动尾闾，要夹紧臀部、收缩会阴、收紧腹部、放松腰部，同时，双脚分开微屈膝，保持两个膝盖固定、胸椎固定，主动运动的是"盆腔"。盆腔是生儿育女的基地。人们常说"天有三宝日月星、人有三宝精气神"，"精"就藏在盆腔，是生命的能源基地。所以摆动尾闾，运动尾椎、骶椎、腰椎和盆腔，刺激肾水上升，可以促使人体能量的生发，起到固本培元之效。

第六式：两手攀足固肾腰

动作规格

动作一：接上式。两膝伸直；同时两掌转指尖向前，两臂向前、向上举起，肘关节伸直，掌心向前；目视前方（图 7-9）。

动作二：转掌心相对，屈肘，两掌下按至胸前，掌心向下，指尖相对；目视前方（图 7-10）。

动作三：两臂外旋，两掌心向上，随之两掌掌指顺腋下后插；目视前方（图 7-11）。

▲ 图 7-9　　　　　▲ 图 7-10　　　　　▲ 图 7-11

动作四：两掌心向里贴住背部，沿脊柱两侧向下摩运至臀部，随之上体前俯，两掌继续沿腿后向下摩运，经脚两侧置于脚面，抬头，动作略停；目视前下方（图7-12）。

动作五：两掌不动，塌腰、翘臀、微抬头，两掌沿地面向前、向上、向远处伸展，以指带臂、以臂带身，至身体与地面水平，目视前下方（图7-13）。

动作六：两臂继续向前、向上举至头上方，带动身体直立，两臂自然伸直，两手与肩同宽，掌心向前，指尖向上，目视前方（图7-14）。

▲ 图7-12　　　　　　▲ 图7-13　　　　　　▲ 图7-14

本式一上一下为一遍，共做6遍。

做完 6 遍后，两膝弯曲；同时两掌向前下按至小腹前，掌心向下，指尖向前，目视前方。

技术要点

① 两掌反穿摩运要适当用力以加大按摩效果。

② 两手攀足时要松腰沉肩，两膝挺直。

③ 向上起身时要以指带臂、以臂带身，通过手臂主动上举带动上体立起。

易犯错误

两手向下摩运时特意低头，膝关节弯曲；向上起身时，起身在前，举臂在后。

纠正方法

两手向下摩运时身随手动、头随身动，头部自然前俯，不要特意低头；膝关节伸直；向上起身时要以臂带身。

功理作用

通过大幅度前屈后伸可刺激了脊柱、督脉、膀胱经、背、腰、膝及命门、阳关、委中等穴，有助于防治生殖泌尿系统的一些慢性病，可以达到固肾壮腰的作用。

中医认为腰为肾之府，所以往往将腰肾相连，拉伸腰椎和按摩腰部可以使皮肤里丰富的毛细血管扩张，促进血液循环，加速代谢产物的排出，又可刺激神经末梢，对神经系统的温和刺激，有利于病损组织的修复，提高腰肌的耐力，对慢性腰肌劳损、急性腰扭伤可起到较好的防治作用，对于椎间盘突出症、坐骨神经痛等病也有一定疗效。

第八章

站式八段锦（三）

第一节 学习步骤与练习阶段

八段锦动作虽然简单，但要掌握纯熟仍需通过一段时间的学习和练习。想要练好八段锦不能急于求成，必须由简到繁、循序渐进，逐步掌握功法要领。

首先弄清每一动作的姿势要求，动作要做到规范、熟练。当整套动作基本掌握后，要把动作和呼吸配合起来，呼吸要做到深、细、匀、长，流畅自如，动作和呼吸协调自然。当动作掌握得比较熟练，呼吸与动作的配合也基本达到要求后，再逐步加上意念。意念是动作和呼吸运作过程中的思想活动。意念运用要坚持两点：一是意念与动作、呼吸密切配合，即要同步锻炼动作、呼吸和意念，不能顾此失彼；二是意念要轻，要做到"有意无意是真意"。

·练习八段锦应保持平和心态，锻炼一段时间后及时总结，如果健身效果不明显要反省并改正，如果效果明显则应总结经验，再接再厉。刚开始学习八段锦往往动作很难做到位，身体僵硬紧张，四肢不协调，缺乏控制能力，极易出现多余动作，且完成动作比较费力。在这个阶段，练习者要从机械地模仿开始，将每一招式的姿势、方向、路线、虚实搞清楚，动作尽量协调、上下相应，抓住功法动作的主要环节和纠正明显的错误动作，不应过多地强调动作细节，特别是要通过多观察正确的动作示范，帮助自己尽快建立正确的动作表象。经过反复练习，一些不协调或多余的动作逐渐消除，并能比较顺利和连贯地完成整套功法的演练，这时大脑皮层的活动由泛化阶段进入到分化阶段，要在保持形体动作符合功法要求和规范的基础上，逐渐把形体招式、呼吸意念、劲力神韵结合在一起练习。通过反复锤炼体悟，运动条件反射已经形成，建立了牢固的定式，大脑皮层的兴奋和抑制在时间上和空间上更加集中，从而使动作练习进入到巩固阶段。这时应将精力转移到神意的运用上来，让神意逐渐成为主动的指挥者，即所谓"先在心，后在身"，动作都是在意念的引导下进行，意动形随，身心合一，持续练功必能渐入形神俱妙的练功境界。

第二节　动作与呼吸的配合

　　动作和呼吸的配合一般遵循"起吸落呼、开吸合呼、蓄（劲）吸发（劲）呼"的规律，除此以后还有个规律，叫作"动缓息长、动息相随"，也就是动作快必然呼吸节奏快、动作慢必然呼吸深长、动作和呼吸一定相互配合，因此"慢练"有助于呼吸节奏放缓，从而起到锻炼五脏六腑的作用。

　　在慢练的过程中，不要去管呼吸，呼吸保持自然，该呼就呼、该吸就吸，比如在一个手臂上举的动作中，可以进行几次呼吸；在一个定势的动作中，也可以进行几次呼吸；呼吸深长缓慢，身体放松放沉，在松静中自然心生喜悦，面带微笑。

　　一般做操是先做肢体动作，然后配合动作来调整呼吸，这是进行体育锻炼普遍遵循的规律。但八段锦锻炼强调劲力发自人体内部，这劲力源自呼吸，然后传导到肢体形成动作，可以说呼吸是动作的发动机，所以八段锦锻炼有两大功效：外练筋骨皮、内练精气神。呼吸和动作，谁先谁后、谁为主谁为辅，是区分"操"和"功"的标准。在练功时，也不是动作越复杂效果越好，有时候简单的动作更容易配合呼吸，养生的效果也更明显。

第三节 站式八段锦第七至八动

第七式：攒拳怒目增气力

动作规格

动作一：接上式。重心右移，左脚向左开步，约两倍肩宽，两脚平行，两腿屈膝半蹲成马步；同时两掌变握固拳抱于腰侧，大拇指在内，四指在外，拳眼向上；目视前方（图8-1）。

动作二：左拳慢慢向前冲出，与肩同高，肘关节微屈，拳眼向上；当肘关节离开肋部时，拳越握越紧，眼睛睁大目视左拳，脚趾抓地。左臂继续前伸，至自然伸直，同时拧腰顺肩，左肩微向右转；松拳变掌，左臂内旋，虎口向下；目视前方（图8-2）。

动作三：左臂外旋，肘关节微屈，同时左掌向左缠绕，左掌手指向下、向右、向上、向左再向下依次旋腕一周，变掌心向上后握固，大拇指在内；脚趾抓地，目视左手（图8-3）。

动作四：左臂屈肘，左拳回收至腰侧，拳眼向上；脚趾和眼睛放松，目视前方（图8-4）。

右式动作与左式相同，唯左右相反。

本式一左一右为一遍，共做3遍。做完3遍后，重心右移，左脚回收成并步站立；同时两拳变掌垂于体侧；目视前方（图8-5）。

技术要点

① 马步的高低可根据自己的腿部力量灵活掌握。

② 冲拳时怒目圆睁，脚趾抓地，拧腰顺肩力达拳面；回收时要旋腕，五指用力抓握。

▲ 图 8-1　　　　▲ 图 8-2　　　　▲ 图 8-3　　　　▲ 图 8-4　　　　▲ 图 8-5

易犯错误

冲拳时上体前俯，端肩，抬肘；回收时旋腕不明显，抓握无力。

纠正方法

① 冲拳时头向上顶，上体立直，肩部松沉，肘关节微屈，小臂贴肋前送，力达拳面。

② 回收时先五指伸直充分旋腕，再屈指用力抓握。

功理作用

肝主筋，肝开窍于目，该式动作怒目瞪眼可刺激肝经，有疏肝益肝、益睛明目的作用。

中国文化认为筋主力气，而肝主筋，所以力气大小与肝的功能有关。肝血充足，筋就不会干枯，关节灵活、肌肉有力，动作协调，易于发挥全身整体的力量。这一点对老年人特别重要，研究显示，老年人握力越大，平均寿命就越长，其原因就在于握力反映了肝血是否充足。

第八式：背后七颠百病消

动作规格

　　动作一：接上式。百会穴上顶，脚跟提起，沉肩坠肘，提肛收腹，手指向下，脚趾抓地，动作略停，目视前方（图8-6）。

　　动作二：脚跟轻轻下落，轻震地面，同时叩齿，放松全身；目视前方（图8-7）。

　　本式一起一落为一遍，共做7遍。

技术要点

　　① 上提时要脚趾抓地，脚跟尽力抬起，两腿并拢，提肛收腹，肩向下沉，立项竖脊，百会穴上顶，略微停顿，保持平衡。

　　② 向下落时身体放松，缓缓下落到快接近地面，然后全身完全放松，让脚后跟自由落体，轻轻落到地面上，起到震动身体的作用。落地瞬间，牙齿轻叩，起到减震作用。

易犯错误

　　上提时，端肩，身体重心不稳。

纠正方法

　　五趾抓地，两腿并拢，提肛收腹，肩向下沉，百会穴上顶。

功理作用

　　中医认为，牙齿与肾脏关系密切。"肾主骨，齿为骨之余"，意即肾脏能支持骨骼生长和骨髓的生成。牙齿是

▲ 图 8-6　　　▲ 图 8-7

人体骨骼的一部分，牙齿松动，与肾气虚衰及气血不足有关。常叩牙齿，能强肾固精，平衡阴阳，疏通气血，畅通经络，从而增强机体的健康。

本动作中的叩齿，除了有健脑、固肾的作用，还有"避震"的作用，在脚后跟落地时，震动会沿着后背一直向上传递到头部，但是通过叩齿，让震动在口腔里就结束了，防止震荡到头部。

"七颠"有三层含义，一是数字的实指，颠足七次；二是数字的虚指，要求多练习；三是文化上的含义，指的是八段锦应反复练习才能达到"消百病"。

收式

动作规格

动作一：两臂内旋向两侧摆起，腋下约成 45°，与腰同高，掌心向后；目视前方（图 8-8）。

动作二：两臂外旋，两掌向前合抱，屈肘，两掌相叠于腹部，男性左手在里，女性右手在里；目视前下方，静养片刻（图 8-9）。

动作三：两臂垂于体侧；目视前方（图 8-10）。

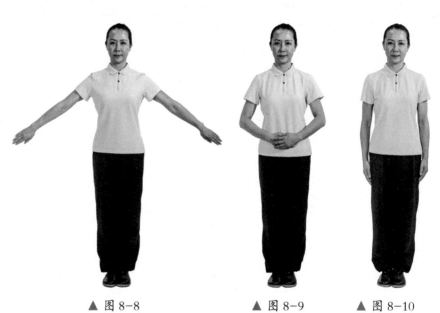

▲ 图 8-8　　　　▲ 图 8-9　　　　▲ 图 8-10

技术要点

两掌内外劳宫穴相叠于丹田（男性左手在下，女性右手在下）。周身放松，气沉丹田。

功理作用

气息归元，整理肢体，放松肌肉，愉悦心情，巩固锻炼效果，并做一下整理活动，如搓手浴面、肢体拍打等。

第九章

八段锦学练指导

第一节 练习要领

练习八段锦一定要抓住动作内涵、功理作用、呼吸配合、意念运用等方面的要点和关键，认真体会如何在练习过程中自觉地进行"调身、调息、调心"。

形神兼备，动静相宜

形神兼备指的是练习过程中起落开合的技术动作与升降出入的气机协调一致，练习者的劲力、精神、意识、气韵与动作和呼吸浑然融合，动作的气感、活力和神韵恰当得体，具有"外静内动""心动形随""形断意连""势断气连"的整体表现。

动息相随，心息相依

八段锦是以动为主的功法，根据动作的升降开合，以形引气，以气运身，使动作和呼吸相互配合，即动息相随；在练习时要把意念活动和呼吸运动紧密结合以来，通过意念活动来调整气息的出入，即心息相依。

练习者有意识地注意调整呼吸，要求松静自然，不能憋气，呼吸的"量"和"劲"都不能太过，以不疾不徐为宜，让呼吸逐步达到缓慢、细匀、深长的程度。

形随意走，形神合一

　　练习八段锦时身体各部位放松，不仅肌肉放松，而且精神上也要放松，呼吸要调匀，逐步进入练功状态。要分辨清楚动作的起落、高低、轻重、缓急、虚实，不僵不滞，柔和灵活。通过体会周身的自然、松柔、沉着，逐渐体会"气"的运行规律，使体内真气充沛，宣畅通达，周身内外和谐，达到"形神兼备、内外合一"。

第二节 学练方法

① 阅读法。阅读相关书籍，获得更多的基础理论知识，扩大知识面，提高文化素养。

② 模仿练习法。练习者模仿教师所做的示范动作，形成动作定型。

③ 自我反馈练习法。锻炼为身心带来怎样的变化，自己要经常反思。在反思中，不断改正，进步得到更好的反馈，对锻炼做出正确的评价。

④ 比较法。通过各种形式的比较，弄清楚动作的正确与错误。

⑤ 观察法。练习者要经常观察别人的动作，取长补短来获得学练上的进步。

⑥ 讨论法。练习者在一起共同讨论，互相启发，达成共识，共同进步。

初学阶段在学练中要经常运用比较法、自我反馈法等，及时纠正错误动作，以求动作细节、动作方向和路线的准确。比较法就是运用比较方法帮助练习者掌握动作的特点，常用的有示范比较、正误比较、自我比较等方法；自我反馈法是练习者学练动作后，进行自我积极调整，强化正确动作，改正错误动作，找出差距，使学习效果得到优化，提高学习效率。对复杂动作，可先分解练习，再逐渐过渡到用自我反馈法练习完整动作，不断提高动作质量。在弄清动作方向和路线的基础上，强调动作的细节，要求动作准确与工整，力求技术动作达到规范。在掌握动作的基础上，练习者在练习时要加强动作和呼吸的配合，有意识地注意调整呼吸，掌握起吸落呼、开吸合呼、先吸后呼、蓄吸发呼的规律，不断去体会、掌握、运用与自己身体状况或动作变化相适应的呼吸方法，进一步疏通调畅体内气血和调顺呼吸之气，以气养神，通畅气血。

在学练动作与练习呼吸初期，可以配合站桩进行练习。将简单动作与呼吸的开合、升降有机地结合在一起，由易到难，逐渐实现功法动作与调息合一，心静体松、呼吸自然。

第三节 健身效果

练习者通过心理活动和意识控制，调节呼吸与动作，以改善自身的生理机能和心理状态，从而达到强身健体与促进心理健康的目的。因此，自觉体悟的心理活动和意识控制对练功效果起着重要作用。

当代的医学模式已由生物医学模式演变为"生理—心理—社会医学模式"，其特征是从治疗扩大到预防，从生理扩大到心理，从个体扩大到整体，从医院扩大到社会。心理健康具体指的是以积极的、有效的心理活动，平稳的、正常的情绪状态，良好地适应当前和发展的社会和自然环境。

要达到良好的八段锦健身效果，应该根据个人的情况具体分析，教学人员要提供"个性化"指导，练习者要进行"个性化"锻炼。运动负荷可以根据练功姿势的高低、动作幅度的大小、动作速率的快慢进行相应调整，每个人可以根据自身条件控制运动负荷，循序渐进，要防止因负荷过大而造成过度疲劳，甚至损伤。

八段锦锻炼强调正气在预防疾病中的作用，防微杜渐治未病，在整体观念及辩证思想的指导下去帮助生命达到健康的状态。人的适应能力包括人对自然环境的适应能力，对疾病的抵抗能力以及疾病损伤后的修复能力。坚持练习八段锦能够提高人体对外界环境的适应能力，全面提升体质水平，使人心情舒畅，情绪稳定，身体轻松，对生活充满信心，对运动产生兴趣，不仅能改善运动者的心情，还能改善生活质量，坚定生活信念，为坚持锻炼打下基础。

研究发现，长期坚持练习八段锦能够有效提高中老年人机体的柔韧性、平衡性、肌肉的力量以及机体活动的灵敏性，对机体的呼吸功能也有一定的增强作用。由此可见，坚持练习八段锦能够使中老年人的反应速度、肌肉力量、躯体柔韧性、平衡协调能力等素质指标得到显著提高，使肺活量、心率、血压等机能指标获得改善，还能使骨骼的骨密度得到增加，从而增强人的体质。

道家八段锦

　　道家八段锦又称"文八段锦"，自出现以来一直有练功口诀传世："闭目冥心坐，握固静思神。叩齿三十六，两手抱昆仑。左右鸣天鼓，二十四度闻。微摆撼天柱，赤龙搅水浑，漱津三十六，神水满口匀。一口分三咽，龙行虎自奔。闭气搓手热，背摩后精门。尽此一口气，想火烧脐轮。左右辘轳转，两脚放舒伸。叉手双虚托，低头攀足频。以候逆水上，再漱再吞津。如此三度毕，神水九次吞。咽下汩汩响，百脉自调匀。河车搬运讫，发火遍烧身。邪魔不敢近，梦寐不能昏。寒暑不能入，灾害不能侵。子后午前行，造化合乾坤。循环次第转，八卦是良因。"

　　本着古为今用、方便易行的原则，笔者在吸取古传口诀的基础上，重新编排了 8 个动作，运动强度和动作的编排次序符合运动学和生理学的规律，可作为老年大学八段锦课程的选修内容。

道家八段锦——动作示范

第一式：精心数息　　　　　　　　第二式：握固叩齿　　　　　　　　第三式：抱头鸣鼓

第四式：摇摆天柱

第五式：托天攀足

第六式：辘轳运转

用微信扫描下方二维码，添加"阿育"为微信好友，回复关键词【道家八段锦】，即可获取关于道家八段锦的详细学习指导。

第七式：搅海漱津

第八式：河车搬运

收式

作者简介

　　牛爱军，上海体育大学教育学博士，复旦大学历史学博士后，获"全国体育事业突出贡献奖""全国优秀社会体育指导员"等多项荣誉称号；出版《八段锦养生智慧》《二十四节气导引》《呼吸的养生智慧》等专著；担任《健身气功·五禽戏》副主编、《校园五禽戏》丛书副主编；在"喜马拉雅FM"开设"牛博士谈养生之八段锦"专栏；曾多次被国家体育总局委派至美国、法国、日本、加拿大、澳大利亚等国家讲学授课，现任深圳信息职业技术学院体育部教师。

模特简介

　　祝京媛，洛阳市健身气功协会会长，洛阳市体育总会副会长；在2021年荣获"全国群众体育先进个人"称号；武英级运动员，健身气功七段，国家级社会体育指导员、裁判员，曾为青海省武术队主力队员；曾多次被国家体育总局委派至澳大利亚、德国等国家进行健身气功推广、教学工作。